LES
CONTRE-TEMS

COMEDIE EN VERS,

EN TROIS ACTES.

Par Mr. DE LA GRANGE.

A PARIS,

Chez PRAULT Fils, Quay de Conty, à la descente
du Pont-Neuf, à la Charité.

M. DCC. XXXVI.

Avec Approbation & Privilege du Roy.

ERRATA.

PAge 9. ligne 8. aux éclaircissemens , (*lifez*) à l'éclair-
ciffement. Page 10. ligne 8. reçoi un peu mieux (*lifez*)
reçoit un peu mieux. Page 11. ligne 3. Madame ne veut pas
(*lifez*) parce qu'on ne veut pas. Page 20 ligne 4. eft encore jeune & belle (*lifez*) eft très-jeune & très-belle. Page 21.
ligne 1. ce qui peut avifer du jour au lendemain il ne faut
&c. Page 25. ligne 7. qui fembloient affurer (*lifez*) qui
fembloient l'affurer. Page 31. ligne 18. eft un mot (*lifez*)
en un mot. Page 32. ligne 13. tires moi (*lifez*) tire moi. Page
34. ligne 10. mais je ne puis encore (*lifez*) mais je ne puis
encor. Page 50. ligne 4. à ma flamme (*lifez*) à ma flâme.
Page idem. derniere ligne , il fait depuis long-temps l'objet
de mon attente. Page 52. ligne 17. je vous deffends encore
(*lifez*) je vous deffends encor. Page 54. ligne 13. & je ne puis
encore (*lifez*) & je ne puis encor. Page 58. ligne 8. Frofine fait fortir (*lifez*) Frofine fais fortir. Page 62. ligne 4. meritiez gueres (*lifez*) meritiez guere. Page 79. ligne 21. fuis
pour toûjours (*lifez*) fui pour toûjours. Page 83. ligne 14. &
de le tromper (*lifez*) & de le détromper. Page 85. ligne 19.
rarement &c. commun (*lifez*) rarement eft commun.

PRIVILEGE DU ROI.

LOUIS, par la grace de Dieu, Roi de France & de Navarre, à nos amez & féaux Conseillers les gens tenans nos Cours de Parlement, Maîtres des Requêtes ordinaires de nôtre Hôtel, Grand Conseil, Prevôt de Paris, Baillifs Senéchaux leurs Lieutenans Civils, & autres nos justiciers qu'il appartiendra, SALUT. Notre bien-amé LAURENT-FRANÇOIS PRAULT fils, Libraire à Paris, Nous ayant fait remontrer qu'il souhaiteroit faire imprimer & donner au Public les Contre-Temps ; Comédies en vers, le Legs Comédie en prose par le Sieur Marivaux, s'il nous plaisoit lui accorder nos Lettres de privilege sur ce né- cessaires ; offrant pour cet effet de les faire imprimer en bon papier & beaux caracteres suivant la feuille imprimée & attachée pour modele sous le con- tre-scel des Présentes. A CES CAUSES voulant traiter favorablement le- dit Exposant, Nous lui avons permis & permettons par ces Presentes de faire imprimer lesdits Livres ci-dessus specifiés, en un ou plusieurs volu- mes, conjointement ou separément, & autant de fois que bon lui semble- ra sur papier & caracteres conformes à ladite feüille imprimée & attachée sous nôtre contre-scel, & de les vendre, faire vendre & débiter par tout nôtre Rôyaume, pendant le temps de six années consécutives, à compter du jour de la date desdites Presentes ; faisons défenses à toutes sortes de personnes de quelque qualité & condition qu'elles soient, d'en introduire d'im- pression étrangere dans aucun lieu de notre obéissance ; comme aussi à tous Libraires, Imprimeurs & autres, d'imprimer, faire imprimer, vendre, faire vendre, débiter, ni contrefaire lesdits Livres ci-dessus exposé, en tout ni en partie, ni d'en faire aucuns Extraits sous quelque prétexte que ce soit, d'augmentation, correction, changement de titre ou autrement ; sans la per- mission expresse & par écrit dudit Exposant, ou de ceux qui auront droit de lui, à peine de confiscation des Exemplaires contrefaits, de trois mille livres d'amende contre chacun des contrevenans, dont un tiers à Nous, un tiers à l'Hôtel-Dieu de Paris, l'autre tiers audit Exposant, & de tous dépens, dommages & intérêts ; à la Charge que ces Presentes seront enregistrées tout au long sur le registre de la Communauté des Libraires & Imprimeurs de Pa- ris, dans trois mois de la date d'icelles ; que l'impression de ses Livres sera faite dans notre Royaume & non ailleurs, & que l'Impétrant se conformera en tout aux Reglemens de la Librairie, & notamment à celui du dixiéme A- vril mil sept cent vingt-cinq ; & qu'avant que de les exposer en vente, les Manuscrits ou Imprimés qui auront servi de copie à l'impression desdits Li- vres, seront remis dans le même état où les approbations y auront été don- nées ès mains de notre très-cher & féal Chevalier Garde des Sceaux de Fran- ce le Sieur Chauvelin ; le tout à peine de nullité des Présentes. Du contenu desquelles vous mandons & enjoignons de faire joüir l'Exposant ou ses ayans- cause, pleinement & paisiblement, sans souffrir qu'il leur soit fait aucun trouble ou empêchement. Voulons que la copie desdites Présentes, qui sera, imprimée tout au long au commencement ou à la fin desdits Livres, soit te- nuë pour dûement signifiée, & qu'aux copies collationnées par l'un de nos amés & féaux Conseillers & Secretaires, foi soit ajoûtée comme à l'origi- nal ; Commandons au premier notre Huissier ou Sergent de faire pour l'é- xécution d'icelles tous actes requis & nécessaires, sans demander autre per- mission, & nonobstant Clameur de Haro, Chartre Normande, & Lettres à ce contraires. CAR tel est nôtre plaisir. DONNE' à Versailles le dixiéme jour du mois de juin, l'an de grace mil sept cent trente-six, & de notre Re- gne le vingt-uniéme. Par le Roi en son Conseil. Signé, SAINSON.

Registré sur le Registre IX. de la Chambre Royale & Syndicale des Libraires & Imprimeurs de Paris, N. 315. fol. 218. conformément aux anciens Rè- glemens confirmés par celui du 28. Fevrier 1725. A Paris ce 15. Juillet 1736. Signé, G. MARTIN, Syndic.

ACTEURS.

CONSTANCE, fille de Chrisante.

ANGELIQUE.

DAMIS, Amant de Constance.

VALERE, Amant d'Angélique.

CHRISANTE, Pere de Constance.

FROSINE, Suivante de Constance.

LISETTE, Suivante d'Angélique.

ARLEQUIN, Valet de Valere.

LES CONTRE-TEMS

COMEDIE EN VERS,

EN TROIS ACTES.

✿✿✿✿✿✿✿ ✿✿✿✿ ✿✿✿✿✿✿✿✿✿✿✿✿✿✿✿✿

ACTE PREMIER.

Le Theatre reprefente un Jardin public.

SCENE PREMIERE.

ANGELIQUE, VALERE, LISETTE.

ANGELIQUE.

D E grace ceffez d'y prétendre ;
No vous obftinez pas à fçavoir qui je fuis ,
Dans quelque tems je pourrai vous l'apprendre ;
Maís à prefent je ne le püis.

VALERE.

C'eft ce que je ne puis comprendre ;
Pourquoy donc ce filence ? Et qu'en dois-je penfer ?

A

LISETTE.

A le rompre , Monfieur, à quoi bon nous forcer?

ANGELIQUE.

J'ignore à quoi mon nom vous feroit neceffaire ,
Et cette curiofité . . . .

VALERE.

Je ne fçai point en verité
Quel motif vous oblige à m'en faire un myftere.

ANGELIQUE.

Vous le pouvez pourtant concevoir aifément;
Il me faut de vos feux une entiere affûrance ,
Et quoique fan experience ,
Je fçai, que très-fouvent, tel que l'on croit Amant,
N'en a que la fimple apparence.

LISETTE.

Il convient fort d'avoir un peu de défiance.

VALERE.

Pourriez-vous foupçonner l'amour le plus parfait ?

ANGELIQUE.

Mais n'êtes-vous pas fatisfait?
Direz-vous que ma complaifance
N'en a pas encore affez fait ?

LISETTE.

Monfieur, vous êtes indifcret ;
Rapellez - vous comment vint votre connoiffance :
Ce fut, vous le fçavez, dans ce même Jardin,
Où nous nous promenions toutes deux fans deffein ;
Vous vintes aborder Madame,
Qui voulut avoir la bonté
De ne point fe fâcher de cette liberté ;
Vôtre air noble & galant fçut vous gagner fon ame ;
Vous eûtes un long entretien :
A celui-là, Monfieur, ont fuccédé bien d'autres,
Madame, de la voir vous fournit le moyen,
Et fes empreffemens récompenfent les vôtres ;
Qu'exigez-vous de plus ? Mais je n'y conçois rien.

VALERE.

Je voudrois voir la fin d'un refus qui me bleffe ;
Vous devez accorder ce prix à ma tendreffe ;
Si, près de vous, mes foins ont réüffi.

LISETTE.

Cela n'eft point douteux ; & vous devez comprendre,
Lorfque Madame vient ici,
Qu'elle eft tous les matins très-exacte à s'y rendre ;
Que c'eft pour le plaifir de vous y voir auffi.
Eft-il befoin qu'on vous répete,
Que de vos foins fon ame eft fatisfaite ?

Que pour vous son cœur prévenu,
S'applaudit du moment où l'on vous a connu ?

ANGELIQUE.

Oüi, Valere, je puis vous avoüer sans crime,
Que vous m'avez paru digne de mon eftime;
Que, loin de vous en faire un injufte refus,
J'ai, peut-être fenti, quelque chofe de plus;
Vous dire ce que c'eft, me feroit difficile;
    Je ne fuis point affez habile:
Et comme à le chercher, je prétends m'occuper,
Laiffez-moi tout le tems de le déveloper;
J'ai fçu rendre juftice à l'ardeur qui vous preffe,
Peut-être qu'en ce jour le même trait me bleffe,
Et qu'un peu trop fenfible à vos empreffemens,
Mon cœur reffent pour vous les mêmes fentimens;
Si la chofe eft ainfi, je fubirai fans peine,
Un fort où je vois bien que le penchant m'entraîne.

LISETTE.

C'eft s'expliquer avec clarté.

VALERE.

De ce difcours je ferois trop flatté,
    Si par un refus qui m'accable,
Vous ne démentiez pas ce qu'il a d'agréable;
Mais y puis-je trouver quelque fincerité?
    Quand vous vous obftinez encore

A me cacher le nom de celle que j'adore ?

Ah ! pourquoi m'en faire un fecret ?

Croyez-vous que je fois imprudent , indifcret ?

Qu'en étourdi j'aille faire connoître

L'ardeur que vous avez fait naître ,

Et débiter par tout, que l'objet de mes fœux

A reçu mon hommage, & répond à mes vœux ?

A ce bonheur j'aurois droit de prétendre ?

Si vous le réferviez à l'Amant le plus tendre :

Oüi , j'aurois lieu de m'en flatter ,

Si mes foins , mon refpect , pouvoient le mériter ;

Mais quand j'en aurois même une preuve certaine ,

Ne penfez-pas qu'alors mon ame en fût plus vaine ,

Non , quoiqu'un tel bonheur ait de quoi l'éblöuir ;

L'Amant doit y borner fa gloire ,

Et ne chercher dans fa victoire

Que le feul plaifir d'en joüir.

LISETTE.

Ce projet , quoique beau, pourroit s'évanöuir ;

Tout eft fujet à l'inconftance.

ANGELIQUE.

Soyez toûjours foumis , tendre , refpectueux ,

Je pourrai répondre à vos vœux ,

Quand je verrai votre perféverance ;

Mais ce ne fera pas plûtôt.

A iij

LISETTE.

Nous le devons avec prudence;
Et voilà justement le garant qu'il nous faut.

VALERE.

Ah! je n'en doute plus, Madame;
Mes soins n'ont pû toucher vôtre ame,
Non, non, sur vôtre amour je ne dois plus compter;
Mais quelles que soient mes allarmes,
Je cesserai de voir vos charmes:
Ils n'ont déja que trop sçu m'arrêter.

ANGELIQUE.

Quel est votre dessein? Et que voulez-vous faire?

VALERE.

Je veux m'éloigner de ces lieux;
Et ne plus offrir à vos yeux
Un objet qui peut vous déplaire.

SCENE II.

ANGELIQUE, VALERE, LISETTE, ARLEQUIN.

ARLEQUIN *à Lisette.*

POur te trouver ici j'ai couru de mon mieux,
Bonjour, mon adorable brune.

LISETTE, *froidement.*

Bonjour.

ARLEQUIN.

Tu dis cela d'un ton bien serieux?

LISETTE.

Tu peux ailleurs chercher fortune,
Plus de commerce entre nous deux.

ARLEQUIN.

Explique-toi, que veux-tu dire?

LISETTE.

Ton Maître peut t'en informer,
Par un caprice que j'admire
Il se souftrait à nôtre Empire:
Ainsi, je ne dois plus t'aimer.

A iiij

ARLEQUIN.

Cela ne fe peut pas, je crois que tu veux rire.
Monfieur, dites-moi ce que c'eft.

VALERE.

Arlequin, va fans plus attendre,
Et que pour mon départ au-plûtôt tout foit prêt.

ARLEQUIN.

Un petit moment, s'il vous plaît,
A ce deffein fi prompt je ne puis rien comprendre.
Que je fçache du moins quel en eft le fujet ?

ANGELIQUE.

Oüi, oüi, partez Monfieur, contentez votre envie,
Je ne veux point vous retenir,
Mais fongez que de vous j'aurai, toute ma vie,
Le plus odieux fouvenir.

ARLEQUIN.

Doit-on fi brufquement s'éloigner d'une belle ?
En verité vous avez tort,
Voyons, quelle eft votre querelle ?
Je veux avoir l'honneur de vous mettre d'accord.

ANGELIQUE.

J'avois trop-tôt compté fur votre cœur, peut-être,
Je le vois bien, Monfieur......

V A L E R E.

Vous me faites connoître,
Madame, que la paffion
Que vos beaux yeux avoient fait naître,
N'a jamais fait fur vous la moindre impreffion.
Que la flâme la plus ardente . . . . .

A N G E L I Q U E.

Vous m'en donnez affûrément
Une preuve très convaincante.

A R L E Q U I N.

Hé venez-en, de grace, aux éclairciffemens.
(à Valere.) De quoy vous plaignez-vous ?

V A L E R E à part.

Quelle rigueur extrême ?

A R L E Q U I N à Angelique.

Dites-moi . . . . .

A N G E L I Q U E à part.

Quel entêtement !

A R L E Q U I N à Lifette.

Mais, explique moi-donc . . . . . .

L I S E T T E à part.

On lui fait voir qu'on l'aime :
On répond comme on doit à fes foins empreffez . . . .

ARLEQUIN.

Hé bien?

LISETTE.

Il trouve encor que ce n'est pas assez.

ARLEQUIN à *Valere*.

Hô ! vous n'êtes pas raisonnable.

VALERE à *part*.

Loin de répondre à mes justes desirs,
De mépris l'ingrate m'accable,
Et mes tourmens font ses plaisirs.

ARLEQUIN à *Angelique*.

Fy, cela n'est pas bien, ma charmante soûbrette,
Reçoi un peu mieux mes soupirs;
(à *Lisette*)   Allons, aide-moi, ma poulette
A raccommoder ces Amants.

LISETTE.

Cela me paroît difficile;
Et je craindrois de prendre une peine inutile:
Ils ne s'entendent pas.

ARLEQUIN.

Quels font les fondemens
De cette rupture subite?

L I S E T T E.

Un rien.

V A L E R E.

Dont le refus m'irrite.

L I S E T T E.

Madame ne veut pas l'informer de son nom ;
Monsieur & s'allarme, & s'agite,
Et veut se fâcher tout de bon.

A R L E Q U I N *à Angelique.*

Madame, dans le fonds la faveur est petite ;
Faut-il ainsi se broüiller pour un rien ?
Tenez, je sçais le vrai moyen
De vous mettre d'accord peut-être ;
Que chacun se fasse connoître,
Que l'on dise son nom, Arlequin est le mien ;
Valere est celui de mon Maître :
Dîtes-nous à present & le vôtre, & le tien.

L I S E T T E.

Et voilà justement où gît tout le mystere ;
Ma Maîtresse a, je crois, promis de n'en rien faire ;
Et moi, j'en fais autant par imitation.

A R L E Q U I N.

Bon, bon, la promesse est frivole,
Les Dames ne font pas dans l'obligation

De s'acquitter de leur parole ;
Ainsi , plus de discussion.

VALERE.

Ne me refusez pas , Madame ,
Le seul prix qu'aujourd'hui vous demandent mes soins.

ARLEQUIN.

Olli , nous devons sçavoir au moins
Pour qui nous ressentons une si vive flâme.

VALERE *à Angelique.*

De grace . . . . .

ARLEQUIN *à Lisette.*

Par pitié . . . .

VALERE *à Angelique.*

Pouvez-vous résister ?

ARLEQUIN *à Lisette.*

Faut-il ainsi nous rebuter ?

ANGELIQUE.

Il est tems que je me retire ;
Je vous laisse , Monsieur.

LISETTE *à Arlequin.*

Adieu . . .

VALERE.

Sans me rien dire ?

ARLEQUIN.

Et moi je vais fuivre leurs pas ;
Bientôt je viendrai vous inftruire
De ce qu'elles ne difent pas.

ANGELIQUE.

Empêchez ce garçon . . . . .

ARLEQUIN.

Bon, bon, laiffez-moi faire.

ANGELIQUE.

Soyez dans ce Jardin dans une heure au plus-tard,
Quelqu'un pour vous parler y viendra de ma part ;
Et l'on pourra vous fatisfaire :
(bas à Lifette) Nous fortons à propos, je vois venir
mon Frere. *Elles fortent, & Lifett.*
en s'en allant donne un
coup d'œil gracieux à
Arlequin.

ARLEQUIN

Moi, je lis mon efpoir dans ce tendre regard.

SCENE III.

VALERE, ARLEQUIN.

ARLEQUIN.

Vous le voyez, Monfieur, elle devient traitable ;
Là, convenez de bonne foy
Que j'ai l'efprit brillant, & l'adreffe admirable.

VALERE,

Perfonne n'en a plus que toi
Mais j'aperçois Damis.

SCENE IV.

VALERE, DAMIS, ARLEQUIN.

DAMIS.

AH! te voilà, Valere!
Qui te conduit dans ce Jardin?

VALERE

Je viens y refpirer la fraîcheur du matin ;
Et toi Damis, qu'y viens-tu faire ?

DAMIS.

J'y fuis venu dans le même deffein.

ARLEQUIN.

Un semblable motif y conduit Arlequin.

VALERE.

Ça, parlons-nous avec franchise ;
Je crois que c'est l'amour qui te conduit ici.

DAMIS.

De mon côté, je crois sans craindre de méprise,
Qu'entraîné par l'amour, on t'y rencontre aussi.

VALERE.

Tu le crois ?

DAMIS.

Je le pense ainsi.

VALERE.

Tu ne te trompes pas, une beauté charmante
Me fait brûler du plus parfait amour.

DAMIS.

Fort bien.

ARLEQUIN.

Et moi, Monsieur, j'adore sa suivante,
Brune, piquante, & faite au tour,

DAMIS.

Sans doute d'un juste retour
On a recompensé ta flâme ?

ARLEQUIN.

Vous pensez-bien , Monsieur . . . .

VALERE.

Oüi , de ce doux espoir
Tout jusqu'ici flatte mon ame.

ARLEQUIN.

Pour nous faire adorer , nous n'avons qu'à vouloir ,
Nous avons des moyens de plaire
Qui sur les cœurs ont tout pouvoir.

DAMIS.

C'est être réservé , Valere ;
Je m'imaginois cependant
Que méritant le nom de ton ami sincere ,
Je pouvois mériter d'être ton confident ;
Toi seul de mes secrets es le dépositaire ,
Tu demeures dans ma maison ,
Rien n'est égal à notre liaison ;
Pourquoi de ton amour m'avoir fait un mystere ?
Je serois curieux d'en sçavoir la raison.

ARLEQUIN.

ARLEQUIN.

Monfieur, en fait d'amour, on a certain fcrupule,
Et mon maître eft d'ailleurs plein de difcretion.

VALERE.

J'ai penfé que ma paffion
Paroîtroit à tes yeux peut-être ridicule,
  Que tu te mocquerois de moi.

DAMIS.

  Sur quel fondement ? & pourquoi?
Celle qui t'a charmé n'eft-elle pas aimable ?

VALERE.

  Ah Damis ! elle eft adorable,
On ne vit jamais tant d'appas.

ARLEQUIN.

La Soubrette eft incomparable.

DAMIS.

Peut-on fçavoir qui c'eft ?

VALERE.

  Je ne la connois pas.

ARLEQUIN.

C'eft un amour naiffant.

B

DAMIS.

Je commence à t'entendre,
C'est me donner le change , on ne le sçauroit mieux,
Et voilà le tour qu'il faut prendre
Pour arrêter les curieux ;
Pardon si j'ai voulu pretendre. . . . .

VALERE.

Je ne badine point , je dis la verité ,
Je vois dans ce jardin cette jeune beauté ,
Elle s'y rend à la même heure
Très-régulierement depuis cinq ou six jours ,
Mais elle s'obstine toujours
A me cacher son rang, son nom & sa demeure ,
J'ai tout lieu d'esperer pourtant
Qu'avant la fin du jour je pourrai la connoître ;
J'attends ce favorable instant ,
Qu'avec plaisir mon cœur le verra naître.

ARLEQUIN.

La Soubrette à mes feux en a promis autant ,
Et le Valet sera traité comme le maître.

DAMIS.

Que je te trouve heureux !

VALERE,

Et toi mon cher Damis,

A tes feux à prefent quel efpoir eft permis ?

DAMIS.

Je n'ai prefque plus d'efperance
Que la beauté dont mon cœur fuit la loi,
Veüille me pardonner l'offenfe
Qu'elle pretend avoir reçu de moi,
Elle ne veut helas ! ni me voir , ni m'entendre,

VALERE

Je fuis impatient d'apprendre
Ce qui te rend ainfi criminel à fes yeux.

DAMIS.

J'avois fait à Roüen un fejour ennuyeux
Pour un maudit Procès que j'avois à deffendre,
Avant que d'en partir , un de mes bons amis,
De qui j'avois reçu des plaifirs infinis ,
Vint me confier la conduite
D'une veuve , fa fœur , qui venoit à Paris,

ARLEQUIN à part.

Je devine à peu-près la fuite.

DAMIS.

Nous arrivons , honnêtement,
Je dûs le lendemain lui faire ma vifite ,
Et depuis regulierement
J'ai plufieurs fois chez elle été fort librement.

VALERE.

Tant d'affiduitez t'ont fait une querelle,
N'eſt-ce pas ?

DAMIS.

Juſtement, elle m'en croit aimé,
Et comme cette Veuve eſt encor jeune & belle,
On s'imagine que pour elle
Depuis ce jour mon cœur eſt enflamé.

ARLEQUIN.

Quand cela ſeroit vrai, c'eſt une bagatelle.

VALERE.

Son courroux par tes ſoins peut-être deſarmé,
Bientôt on te rendra juſtice,
D'un mouvement jaloux ce ſont là les tranſports.

ARLEQUIN.

Sans doute.

DAMIS.

J'ai tenté d'inutiles efforts,
Je ne vois rien qui la flechiſſe.

VALERE.

Hé bien, attends que ſon caprice
Puiſſe parvenir à ſa fin.

ARLEQUIN.

Il ne faut pour cela qu'un rien, ou peu de chofe.

VALERE.

Ceffe de t'en embarraffer ;
Puifque c'ft l'amour qui le caufe ;
Laiffe-lui tout le foin de le faire ceffer.

DAMIS.

A l'efperer encor je ne puis renoncer.
Mais j'apperçois Frofine fa Suivante,
Auprès de fa Maîtreffe elle a quelque credit,
Puifque l'occafion en ces lieux la prefente
Je veux en ma faveur prevenir fon efprit ;
Sur ce dernier moyen tout mon efpoir fe fonde.

VALERE *en s'en allant.*

Je fouhaite ardemment qu'à tes vœux tout réponde.
Adieu . . .

ARLEQUIN.

Je vais de mon côté
Attendre le bonheur dont je me fuis flatté.
(*Il fort.*)

DAMIS.

Helas ! que ne fuis-je à ta place,
Mon cœur feroit moins agité.

B iij

SCENE V.

DAMIS, FROSINE.

DAMIS.

Frosine, arrête-toi, de grace.

FROSINE.

Je ne sçaurois, Monsieur, je n'en ai pas le tems.

DAMIS.

Ce n'est que pour quelques instants,
Je n'ai qu'un mot.

FROSINE.

Voyons, parlez, le tems me presse.

DAMIS.

Tu me parois fâchée ?

FROSINE.

Oüi, c'est avec sujet.

DAMIS.

D'où vient donc ce courroux ?

FROSINE.

Vous en êtes l'objet.

DAMIS.

Moi?

FROSINE.

Vous-même, adieu, je vous laisse.

DAMIS *la retenant.*

Hé quoi semblable à ta Maîtresse
Ne me feras-tu voir que haine, que froideur ?
Est-ce trop peu des maux que me fait l'inhumaine ?
Te verrai-je comme elle insensible à ma peine ?
Imiteras-tu sa rigueur.

FROSINE.

Sans doute, la belle demande ?
On doit ainsi traiter un Amant imposteur
qui peut nous preferer une beauté normande.

DAMIS.

Qu'entends-je ! ma fidelité
Peut-elle être ainsi soupçonnée ?

FROSINE.

On vous fait tort, en verité.

DAMIS.

Helas ! quelle est ma destinée !
Il ne me manquoit plus . . . .

B iiij

FROSINE.

Je connois ces helas,
Ce qu'ils ont de touchant ne me seduira pas.

DAMIS.

Quoi, tu seras inexorable?
Tout ce que je ferai sera-t'il impuissant?
Tu voudras t'obstiner à me croire coupable?

FROSINE.

Vous auriez de la peine à paroître innocent.

DAMIS.

J'attendois tout de toi.

FROSINE.

Perdez cette esperance.

DAMIS.

Je croyois qu'auprès de Constance
Tu vanterois l'ardeur dont je me sens épris;
Et que rendant justice à ma perseverance
Tu ferois cesser ses mepris.

FROSINE.

Bien loin de vous servir, je fais tout le contraire,
J'anime le juste courroux
Que ma Maîtresse a conçu contre vous,
Je lui fais voir l'horreur de votre caractere,

Le peu de cas qu'elle doit faire
D'un Amant inconstant qui violant sa foi,
Brise ses premiers nœuds pour suivre une autre loi;
Moi - même à son esprit sans cesse je rappelle
Vos premiers soins & vos empressemens,
Je lui retrace vos sermens
Qui sembloient assûrer d'une flamme éternelle,
Et dans ces dangereux momens
Où je vois que son cœur chancéle;
Et qu'un reste d'amour parle en votre faveur,
Je recommence de plus belle;
De votre procedé j'étale la noirceur,
Et je fais si bien que son cœur
Ne trouve en vous qu'une infidéle.

DAMIS.

Cruelle Frosine ! pourquoi
Lui faire un tel portrait de moi ?
J'aime Constance, helas ! que dis-je ? je l'adore,
Par ses mépris mon feu s'accroit encore,
Et mon cœur n'a pas un seul jour
Senti refroidir mon amour ;
Cruel soupçon que vous m'êtes funeste !
Maudit Procès ! voyage malheureux !
Ami qu'à present je deteste !
Politesse fatale & qui nuit à mes feux !
Je perds donc la beauté que j'aime ;
Et je la perds dans l'instant même
Qu'un doux Hymen bientôt joignoit notre destin,

Qu'affuré de fon cœur, j'allois avoir fa main ;
   J'ai beau chercher à me défendre,
Et je voudrois en vain par de bonnes raifons
   Diffiper d'injuftes foupçons,
   Pourquoi ne veut-on pas m'entendre ?
Aujourd'hui contre moi tout eft-il déchaîné ?
L'Amant le plus foumis, le plus vrai, le plus tendre
Doit-il être l'Amant le plus infortuné ?

   FROSINE à part.

Par ces regrets touchants, par cet air confterné
Je me fens attendrir, quoi! feroit-il poffible
   Qu'il fût innocent en effet ?

    DAMIS.

   Et toi, qu'eft-ce que je t'ai fait
Frofine ? à mes tourments ceffe d'être infenfible,
Ne dois-tu pas fervir, loin de nuire à fes feux,
L'Amant le plus fidéle & le plus malheureux ?
   Lorfque l'amour veut prendre ma défenfe,
   Et qu'il arrive que fa voix
Se fait entendre encor dans le cœur de Conftance,
   N'oppofe point de réfiftance,
   Laiffe-lui foutenir mes droits ;
   Ce font les droits de l'innocence.

   FROSINE à part.

   Il va bannir ma défiance,
Je vois dans fes difcours un air de verité . . . .

(*haut*) Ne me trompez-vous pas ?

DAMIS.

M'en croirois-tu capable ?

FROSINE.

Quoi vous ne feriez point coupable ?
Et vous pourriez prouver votre fidelité ?
Votre flamme eſt encor vive, conſtante & pure ?

DAMIS.

Ah ! ſans craindre d'être parjure
J'en ferai, s'il le faut, un ſerment ſolemnel :
Oüi, Froſine, je te le jure,
Damis eſt malheureux, mais n'eſt pas criminel.

FROSINE *à part.*

Oh ma foi tout ceci n'a pas l'air d'impoſture,
(*haut*) Je me rends, la pitié vient me parler pour vous.

DAMIS.

Que ce retour me feroit doux !

FROSINE.

Que votre douleur eſt touchante !
Voyons, pour vous ſervir que faut-il que je tente ?

DAMIS.

De ta Maîtreſſe, appaiſe le courroux,

Affûre-la que je lui fuis fidéle,
Et fais en forte qu'avec elle
Je puiffe avoir un entretien,
Je le] lui prouveraï fi bien
Que je l'obligerai d'en être convaincuë.

FROSINE.

Je tremble de n'y gagner rien,
A ne point vous parler je la vois refoluë.
Attendez cependant, j'imagine un moyen;
Elle doit pour calmer le fouci qui l'ennuye,
Venir fe promener ici quelques inftants,
vous vous approcherez quand il en fera tems;
J'appuyerai vos raifons.

DAMIS *en s'en allant.*

Ah ! tu me rends la vie.

SCENE VI.
FROSINE *seule.*

DE fervir fon amour mon cœur brûle d'envie,
Je le crois fincere en effet,
Conftance à fe tromper eft trop ingenieufe,
Travaillons à la rendre heureufe,
Je le veux malgré qu'elle en ait.
Mais j'apperçois Monfieur Chrifante.

SCENE VII.
CHRISANTE, FROSINE.

CHRISANTE.

JE fors de la maifon pour affaire preffante,
Mais puifque je te trouve ici
Frofine, fur un point je veux être éclairci.

FROSINE.

Voyons . . . . . .

CHRISANTE.

Par fa langueur ma Fille m'épouvante,
Apprends-moi d'où naît le fouci,
Où depuis quelques jours je vois qu'elle eft plongée,
Son efprit eft rêveur, fes yeux font abbattus,
Et je la trouve fi changée.

Que je ne la connoîtrois plus.

Quelle est la source de sa peine ?

A le sçavoir je n'ai pû parvenir.

FROSINE à part.

Bon, bon, voici le point où j'en voulois venir.

La cause en est encor, Monsieur, bien incertaine ..

Et je ne puis la definir ;

Une fille souvent souffre de sa contrainte,

De voir sa parure restrainte ,

Souvent l'état de fille est un fardeau pesant

Dont elle voudroit se défaire ;

Mais je crois , pour le mal qu'elle souffre à present,

Qu'un motif different l'opere ,

Car il ne fut jamais un pere

Et plus tendre & plus complaisant.

CHRISANTE.

Frosine , tu le sçais , il n'est rien que j'oublie

Pour lui procurer des plaisirs ;

La contenter en tout fut toujours mon envie,

Ai-je été quelquefois contraire à ses desirs?

FROSINE.

De trop de liberté ce degoût est la suite

Peut-être. Les desirs que le cœur a formez

Pour paroître plus doux veulent être animez ,

Un peu de gêne les irrite ,

Il faut qu'il nous en coûte un peu d'empressement ;

On ſçait qu'une faveur à nos vœux accordée
Auſſi-tôt qu'elle eſt demandée,
Perd de ſon prix aſſurément;
Mais on s'en fait une autre idée
Quand on l'obtient mal-aiſément.

CRHISANTE.

Oüi, ta raiſon n'eſt pas ſans quelque fondement;
Mais que veux-tu ? j'aime Conſtance,
Je ne me plains pas aujourd'hui
D'avoir eu tant de complaiſance,
Ma ſeule peine eſt de voir ſon ennui;
Invente, trouve quelque choſe
Qui ſoit propre à le ſoulager,
Qu'elle parle, qu'elle propoſe,
Quoique de mes bontez elle veüille exiger,
Je la ſatisferai.

FROSINE.

L'honnête homme de pere

CHRISANTE.
Que me conſeilles-tu dans ce malheur preſſant ?

FROSINE.

Ce que je vous conſeille ? eſt un mot comme en cent,
Mariez-la Monſieur, vous ne ſçauriez mieux faire,
Car il n'eſt rien je crois, de plus rejoüiſſant.

CHRISANTE

Depuis long-tems c'eſt ma penſée,
Damis à cet Hymen a tout droit d'aſpirer,
Mais Conſtance toujours cherche à le differer.

FROSINE.

Une fille rougit de paroître empreſſée ;

Et dans pareille occaſion
Le cœur dit toujours oüi, mais la pudeur dit non;
Travaillez à bannir cette ſecrette honte,
Faites que ſon cœur la ſurmonte ;
Vous la verrez changer bientôt.

CHRISANTE.

Je n'oſe la preſſer.

FROSINE.

Vous n'oſez ? il le faut.

CHRISANTE.

Comment pourrai-je la réduire ?
Tires-moi de cet embarras.

FROSINE.

J'en ſçai le vrai moyen, & je vais vous le dire.
Ordonnez, & ne priez pas.
Je connois l'humeur de Conſtance,
Croyez que tant de complaiſance
Ne ſert qu'à la faire languir ;
Elle attend, j'en ſuis ſûre, avec impatience
Que vous la forciez d'obéir.

CHRISANTE.

CHRISANTE.

Mais tu m'ouvres les yeux, Frosine,
Et je vois, plus je l'examine
Qu'il faut en impofer, j'approuve tes avis,
Et je puis t'affurer qu'ils vont être fuivis.
Je dois aller finir certaine affaire en Ville,
Mais quand je ferai de retour,
Je prétends l'obliger à conclure en ce jour
Un hymen qui lui feul peut me rendre tranquille.

(Il fort)

FROSINE feule.

J'ai réüffi vraiment en intringuante habile,
C'eft déja fort bien debuté.
Mais Conftance paroît, tâchons de fon côté
De ne point prendre une peine inutile.

SCENE VIII.

CONSTANCE, FROSINE.

CONSTANCE.

QUE te difoit mon pere ?

FROSINE.

A peu-prés les difcours

C

Que votre ennui l'oblige à me tenir toûjours,
Il cherche à diffiper votre mélancolie,
Et voudroit penetrer quel en eft le motif;
Si j'avois dit qu'il naît de votre jaloufie
   C'eût été le point décifif,
Mais je n'ai pas voulu parler. . . .

    CONSTANCE.

       J'en fuis ravie,
  Dans fon efprit Damis feroit perdu,
Si mon pere envers moi fçavoit quel eft fon crime,
Mais je ne puis encore l'en rendre la victime.

    FROSINE *à part.*

Bon, je vois fon efprit fortement combattu.
(*Haut*) A propos de Damis, qu'en ferons-nous, Madame ?

    CONSTANCE.

Qu'en faire, je ne fçais, dans le trouble où je fuis
  Mille projets s'élevent dans mon ame,
Je voudrois l'oublier, je fens que je ne puis.

    FROSINE *à part.*

Fort bien . . . .

    CONSTANCE.

  Quoiqu'il m'ait fait une cruelle injure,
Que je le reconnoiffe infidéle & parjure,

Quelque chofe me parle encore en fa faveur ;
Je veux dans ce defordre extrême
En demander les raifons à mon cœur ;
Mais il me répond que je l'aime.

FROSINE.

Ah la bonne protection !
Il n'en fçauroit jamais avoir une meilleure,
Et je dois renoncer à ma commiffion.

CONSTANCE.

Qu'eft - ce à dire ?

FROSINE.

Damis me prioit tout à l'heure
De vous parler pour lui, mais qu'en-a-t'il befoin ?
Ah ! puifque votre cœur fe charge de ce foin,
Il réuffira mieux, Madame, que perfonne.

CONSTANCE.

Où l'as - tu vû ?

FROSINE.

Dans ce Jardin,
Pénetré du cruel chagrin
Où fans relâche il s'abandonne,

CONSTANCE.

Que t'a dit cet ingrat ? & quel eft fon deffein ?

C ij

FROSINE.

Il dit que vous êtes cruelle,
Que l'on ne vit jamais un Amant plus fidele,
Que vous le soupçonnez à tort,
Qu'il ne méritoit pas un sort,
Qui de mille soucis rend son ame agitée,
Et tout cela d'un ton si dolent, si plaintif,
Si tendre, si persuasif,
Qu'à le croire je suis extrêmement portée.

CONSTANCE.

Tu le crois innocent?

FROSINE.

Oüi, soyez-en flattée.

CONSTANCE.

Quoi ! tu pourrois penser que fidéle à ses feux
L'ingrat n'ait pas ailleurs osé porter ses vœux?
Tu crois qu'à tort je le soupçonne ?
Lorsque tout à mes yeux avec tant de raison
Sans cesse vient offrir sa lâche trahison ?
Je ne te comprends pas, ton changement m'étonne;
Toi qui me le peignois, Frosine, avec des traits
Propres à bannir de mon ame
Les restes mal éteints d'une premiere flâme,
Je te vois aujourd'hui prendre ses intérêts?

FROSINE.

C'est avec justice, Madame ;
Damis, j'ose vous l'affirmer,
N'a pas cessé de vous aimer ;
C'est pour vous le faire connoître
Qu'il vous demande en grace un moment d'entretien.

CONSTANCE.

Que l'ingrat à mes yeux se garde de paroître.

FROSINE.

Ho, je crois qu'il n'en fera rien ;
Car le voilà . . .

SCENE IX.

CONSTANCE, DAMIS, FROSINE.

CONSTANCE.

JE veux fuir sa presence.

DAMIS.

Hé quoi ! vous me fuyez, Constance.

CONSTANCE.

Puis-je trop éviter un Amant odieux ?
Qui . . .

DAMIS.

Souffrez dumoins qu'à vos yeux
Je fasse voir mon innocence.

CONSTANCE.

Je ne veux rien entendre.

DAMIS.

Ah Frofine aujourd'hui
Que j'ai befoin de ton appui !

FROSINE à *Conftance.*

Ecoutez fes raifons…

CONSTANCE.

Que pourroit-il me dire ?

DAMIS.

Que fur moi vous avez un fouverain empire,
Que je reffens toujours l'amour le plus parfait.

CONSTANCE.

Quoi ! d'un amour comme le vôtre
Mon cœur feroit-il fatisfait ?
Quand vous le partagez ingrat avec un autre ?

DAMIS.

Moi, Conftance !

CONSTANCE.

Vous-même, il n'eft point de ferment
Qui me fift penfer autrement,
J'en ai des preuves trop certaines.

DAMIS.

Qui peut vous l'avoir dit ?

CONSTANCE.

Vos demandes font vaines,

Vous n'apprendrez jamais de quelle part
Je ſçai juſqu'à quel point vous trahiſſez ma flamme,
Je me plains ſeulement de l'avoir ſçu trop tard.

DAMIS.

Vous me rendrez juſtice, écoutez-moi, Madame;

CONSTANCE.

Je n'écoute plus rien.

DAMIS.

Arrêtez....

CONSTANCE.

Laiſſez-moi.

Vous m'avez pû manquer de foi,
Aujourd'hui près de vous il n'eſt rien qui m'arrête,
Allez, allez porter vos ſoupirs, vos regrets
A votre nouvelle conquête,
Mais ne me revoyez jamais.

(elle ſort.)

SCENE X.
DAMIS, FROSINE.

DAMIS.

Quel ordre rigoureux ! hélas ! que dois-je faire?
Ne verrai-je jamais adoucir mon deſtin?

FROSINE.

C'eſt pour le coup que je l'eſpere,
En voilà le ſigne certain;

C iiij

Elle vient de montrer un degré de colere
Qui prouve évidamment qu'elle touche à sa fin.

DAMIS.

Tant de cruauté me défole.

FROSINE.

Je vous dis que tout ira bien ;
Car j'ay pour vous fervir fait agir un moyen
Qui fera fon effet, comptez fur ma parole.
Venez tantôt dans la maifon,
Preffez, priez, pleurez & vous aurez raifon.
Les pleurs font de puiffantes armes ;
Quoiqu'elle ait projetté, la plus fiere s'y rend,
Et fa foibleffe la reprend
A l'afpect de deux yeux qui répandent des larmes.

(elle fort)

DAMIS.

Combien de tems encor dureront mes allarmes.

Fin du premier Acte.

ACTE SECOND.

Le Theatre represente une grande Salle où plusieurs portes aboutissent.

SCENE PREMIERE.

CONSTANCE, ANGELIQUE.

CONSTANCE.

Oui, vous pouvez ici me dire librement
Le sujet de votre visite ;
Du reproche pourtant je ne vous tiens pas quitte ;
Car je vous vois très-rarement,
Et de tant de froideur mon amitié s'irrite.

ANGELIQUE.

De ce reproche injurieux ;
Constance, épargnez-moi l'aigreur mortifiante,
Vous ne l'ignorez pas, je dépends de ma tante,
Et je ne suis pas libre autant que je le veux.

CONSTANCE.

Hé je n'en doute pas, mais sachons quelle affaire
Peut vous amener en ces lieux ?

En quoi vous fuis - je neceffaire ?

ANGÉLIQUE.

A fervir la plus vive ardeur.

CONSTANCE.

Je vous entends , ceci regarde votre frere ,
Vous venez me parler , fans doute , en fa faveur ,
N'eft-ce pas ce qui vous amene ?

ANGELIQUE.

Pourquoi prendrois-je cette peine ?
On fçait qu'épris des mêmes feux
D'un réciproque amour vous vous aimez tous deux ,
Je ne l'ignore pas , & fur cette affurance
Je viens de mes fecrets vous faire confidence ,
Et j'ofe me flatter qu'en cette occafion ,
En faveur de votre tendreffe ,
Vous me pardonnerez vous - même une foibleffe
Dont vous fentez l'impreffion.

CONSTANCE.

Je ne puis encor vous comprendre ,
Où doit aboutir ce difcours ?

ANGELIQUE.

J'attends de vous un utile fecours.

CONSTANCE.

Oüi , de mon amitié vous devez tout attendre ;
Parlez à cœur ouvert.

ANGELIQUE.

Je n'ai pu m'en défendre,
J'aime.

CONSTANCE.

Pour l'avoüer faut-il tant de détours ?
Quel est votre vainqueur ?

ANGELIQUE.

On le nomme Valere,
Il est grand ami de mon frere,
Loge même dans sa maison ;
Mais il ignore encor ma demeure & mon nom ;
Cela vous surprendra peut-être ?

CONSTANCE.

Quoi ! vous aimer sans vous connoître ?
Le commerce, entre-nous, me paroît ennuyeux,
Un cœur épris de veritables feux
Veut sçavoir qui les a fait naître,
L'amour est toujours curieux
Pourquoi de votre nom lui faire ce myftere
S'il est ami de votre frere ?

ANGELIQUE.

Ma tante ne le connoît point,
Et voilà ce qui fait aujourd'hui le grand point ;
Elle prétend à mes desirs contraire,
Que j'accepte un époux qui ne sçauroit me plaire,
Mon cœur n'y soufcrira jamais,
Et je ne pense pas que le devoir l'ordonne ;

Il faut, lorfque la main fe donne
Que le cœur l'accompagne , ou la fuive de près.

CONSTANCE.

Oüi , votre raifon eſt très-bonne.

CONSTANCE.

J'ai d'autres intérêts encor à ménager ,
Si ma tante veut m'obliger
A terminer l'hymen que je déteſte ;
Obéïr & me plaindre , eſt tout ce que je puis ,
Et dans cette occurrence , à mes vœux fi funeſte ,
Il eſt bon que Valere ignore qui je fuis.
De plus , je n'ai pas eu le tems de le connoître ,
Je veux examiner avec attention
S'il n'eſt pas different de ce qu'il paroît être.

CONSTANCE.

J'approuve la précaution ,
Mais à fe déguifer qu'un Amant eſt habile !
Il nous paroît d'abord plein de perfection ,
Tendre, foumis , difcret , refpectueux, docile ;
Rien n'égale fa paſſion ;
Ofer la foupçonner nous fembleroit un crime ,
Et de cette prévention
Notre cœur trop crédule eſt fouvent la victime.
Mais parlons férieufement ,
De cet amour , pour vous , la fuite m'épouvante ;

Et comment pourrez-vous cacher à votre tante
Votre secret attachement ?

ANGELIQUE.

J'ai, sur votre amitié, fondé mon esperance,
Vous pouvez le favoriser ;
Que j'aurai de reconnoissance,

CONSTANCE.

Je n'ai rien à vous refuser,
Voyons, parlez, que puis-je faire?

ANGELIQUE.

Puisque je ne dois rien vous taire,
Voici quel est mon embarras ;
Valere pourroit bien faire suivre mes pas,
S'il sçait une fois ma demeure
Il ira, j'en suis sûre, à mon frere sur l'heure,
Lui déclarant sa passion,
Demander & mon nom & ma condition.

CONSTANCE.

Cette crainte est assez fondée,
C'est un moyen qu'il pourroit bien tenter.

ANGELIQUE.

C'est ce que je veux éviter.

CONSTANCE.

Mais comment ferez-vous ?   •

ANGELIQUE.

Ecoutez mon idée ;

J'ai promis aujourd'hui de lui parler chez moi.

CONSTANCE.

Chez vous ! fous les yeux de la tante ?
Mais à vous dire vrai, je croi
Que la démarche est imprudente.

ANGELIQUE.

N'allez pas vous imaginer
Que jufqu'à ce point Angelique foit folle.

CONSTANCE.

Mais vous prétendez donc lui manquer de parole ?

ANGELIQUE.

Non.

CONSTANCE.

Je ne puis vous deviner,
Voulez-vous la tenir ?

ANGELIQUE.

Oüi.

CONSTANCE.

Ceci m'embarrasse,
D'accorder ces deux points, avez-vous un moyen ?
Je n'y comprends encore rien.

ANGELIQUE.

Voici comment il faut que la chose se fasse.

CONSTANCE.

Voyons.

ANGELIQUE.

J'ai résolu de lui parler ici.

CONSTANCE.

Chez moi ?

ANGELIQUE.

Vous me ferez, s'il vous plaît, cette grace.

CONSTANCE.

Mais vous n'y pensez pas.

ANGELIQUE.

N'ayez aucun souci ;
Je ne veux qu'un moment, & le voir & l'entendre.

CONSTANCE.

Si mon pere alloit le surprendre,
Dites-moi, s'il vous plaît, quel seroit son soupçon ?

Voir un homme inconnu venir dans sa maison!

ANGELIQUE.

J'ai prévû cette circonstance ;
Et j'ai choisi l'instant précis
Où l'on voit rarement votre pere au logis,
Ainsi de ce côté soyez en assurance ;
Lisette qui sçait mon dessein,
Doit amener Valere, & l'introduire
Par le petit degré qui conduit au jardin.

CONSTANCE.

Ciel ! dans quel embarras allez-vous me réduire
Si . . . . je ne puis y consentir . . .
Je crains . . . .

ANGELIQUE.

J'entends quelqu'un.

SCENE II.

CONSTANCE, ANGELIQUE, LISETTE.

LISETTE.

J E viens vous avertir
Que Valere est entré.

ANGELIQUE.

ANGELIQUE.

Tu devois le conduire.

CONSTANCE.

A quoi m'expofez-vous ? grands dieux !

LISETTE,

Il va venir...

CONSTANCE.

Je me retire ;
Mais, qu'au plûtôt de grace, il forte de ces lieux.

(elle fort)

SCENE III.

ANGELIQUE, VALERE, LISETTE, ARLEQUIN.

ARLEQUIN.

Ah ! qu'il faut de cérémonie
Pour arriver dans cet appartement !
Ma foi cette maifon eft affez bien garnie,
Et j'y marque mon logement.

ANGELIQUE.

Enfin j'ai fatisfait, Monfieur, à votre envie,
Vous me voyez chez moi.

VALERE

Que mon fort eft charmant !

D

Que peut-il m'arriver de plus doux dans la vie !
Voici le moment souhaité,
Où vous accorderez Madame
La faveur promise à ma flamme,
Je connoîtrai l'objet dont je suis enchanté.

ARLEQUIN.

Et toi ma divine beauté,
Sans qu'à present rien t'embarrasse,
Tu me diras aussi ton nom, ta qualité.

LISETTE.

Nous verrons ; mais, Monsieur, de grace,
Songez qu'en peu de tems il faut quitter la place
Les momens vous sont précieux.

ARLEQUIN.

Pour moi je ne sors pas si vîte de ces lieux ;
Il faut que la maison soit par moi visitée,
Comme elle doit un jour par nous être habitée,
Qu'en fait d'appartemens je suis très-délicat,
Je veux voir, puisqu'enfin je me trouve à portée,
Si la cuisine est en état,
Et si la cave est bien voûtée.

VALERE.

Ah laissez-moi joüir d'un entretien si doux !

ANGELIQUE.

De l'estime que j'ai pour vous,
Je vous donne, Valere, une preuve évidente ;
Cependant ma conduite est contraire au devoir,
Je ne suis pas à m'en appercevoir.

VALERE.

Mais, Madame, en quoi donc est-elle condamnable ?

LISETTE.

En accordant à votre amour
La liberté qu'on vous donne en ce jour.

VALERE.

Vous repentiriez-vous de m'être favorable ?

ANGELIQUE.

Je devrois, sans doute, en rougir ;
Mais le motif, qui seul me fait agir,
Doit me rendre plus excusable ;
Ne pensez pas, Monsieur, qu'à vos empressemens
J'eusse été si prompte à me rendre,
Sans de certains arrangemens
Qu'avec vous il me falloit prendre.

LISETTE.

Et vîte, aux éclaircissemens.

ARLEQUIN.

Ton impatience est extrême ;

D ij

Quand on est avec ce qu'on aime,
Compte - t'on ainsi les momens.

VALERE.

Expliquez-vous, quel est le souci qui vous presse?
N'êtes-vous pas encor sûre de ma tendresse?
Ne me croyez-vous pas soumis à votre loi?
Je vous aime, je vous le jure,
Mieux que tous mes discours, mon ardeur vous l'assure,
Voyons, quelle autre preuve exigez-vous de moi?

ANGELIQUE.

J'en veux une, Monsieur, qui m'est de conséquence.

VALERE.

Parlez....

ANGELIQUE.

C'est de garder un éternel silence,
Surtout de cacher à Damis
Quelle est de nos deux cœurs la douce intelligence;
Je sçai qu'il est de vos amis,
Gardez-vous, avec lui, de rien faire paroître
Qui puisse dans nos feux lui faire pénétrer,
Je vous défends encore de lui faire connoître,
Ni marquer la maison où vous venez d'entrer.

VALERE.

D'où naît donc cette méfiance?
Et pourquoi, dans votre défense,
Me nommez-vous expressément Damis?
Est-ce le seul ami que je voye à Paris?
N'ai-je que cette connoissance?

Je dois vous dire qu'à mon tour
Cette précaution allarme mon amour,

Elle cache quelque myſtere
Et vous me laiſſez entre-voir....

ANGELIQUE.

Quoi qu'il en ſoit, ne cherchez pas Valere,
Les raiſons que je puis avoir;
Mais croyez que j'en ai beaucoup pour le vouloir.

VALERE.

Je ne le crois que trop, & c'eſt ce qui m'agite,
Damis, apparemment... Je n'oſe m'expliquer.

ARLEQUIN.

Mon Maître ſemble ſe piquer;
Et peu s'en faut qu'auſſi ta froideur ne m'irrite.

SCENE IV.

ANGELIQUE, VALERE, LISETTE, ARLEQUIN,
FROSINE.

FROSINE.

HE' finiſſez çet entretien,
Votre pere me ſuit.

ANGELIQUE.

Ah, Monſieur, ſortez vîte !

FROSINE.

Non vraiment, qu'il s'en garde bien,

Il pourroit rencontrer, Monſieur, ſur ſon paſſage.

ARLEQUIN.

Je crains que ſur moi ſeul ne tombe tout l'orage,
Je crois voir ſur mon dos ſon bras appeſanti.

VALERE.

Quel facheux contre-tems !

ARLEQUIN.

J'enrage.

ANGELIQUE.

Comment ferons-nous ?

VALERE.

Quel parti ?...

FROSINE.

Venez, ce cabinet vous offre un ſûr aſile,
Que l'un & l'autre y ſoit tranquille;
Je vous en tirerai quand il ſera ſorti.

(*Valere & Arlequin*)
(*entrent dans le cabinet.*)

_____

SCENE V.

ANGELIQUE, CONSTANCE, FROSINE, LISETTE.

CONSTANCE.

JE l'avois bien prévû, vous le voyez, mon pere
Dans cet inſtant vient de rentrer,
Je tremble, & je ne puis encore me raſſûrer.

ANGELIQUE.

Quel trouble je vous cauſe, & que pourrai-je faire ?..

CONSTANCE.

Travaillons à tout réparer,
Voyons, qu'a-t'on fait de Valere?

FROSINE.

Il est en lieu de sûreté,
Et dans ce cabinet....

CONSTANCE.[1]

Quelle témerité !
Et si mon pere pour écrire
S'avisoit... Je l'entends...

SCENE VI.

LES ACTEURS PRECEDENTS, CHRISANTE;

CHRISANTE.

J'Ai beau toûjours vous dire
Que je veux voir fermer la porte du jardin,
Et je fais de l'ouvrir une défense expresse,
C'est donner mes ordres en vain,
A la laisser ouverte on s'obstine sans cesse.

FROSINE.

Vous nous faites en verité,
Monsieur, une injuste querelle,
Nous avons ouvert ce côté
En faveur de Mademoiselle,
Qui vient par le jardin pour sa commodité.

D iiij

CHRISANTE.

Oh, te voilà justifiée,

Et je ne dis plus mot.

ANGELIQUE.

Je suis mortifiée....

CHRISANTE.

Bon, bon, vous vous moquez je croi,

De grace, rendez-moi justice,

Croyez que ma maison est à votre service,

Et que vous en pouvez disposer comme moi.

ANGELIQUE.

Vous êtes obligeant.

CONSTANCE *bas à Angelique.*

Finissez.

CHRISANTE.

Et la tante,

Comment se porte-t'elle ?

ANGELIQUE.

A merveille, Monsieur.

CHRISANTE.

J'en ai réellement bien de la joye au cœur,

C'est une bonne Dame, encore ragoutante ;

Mais, quand de sa jeunesse, elle étoit à la fleur,

Il falloit voir comme elle étoit piquante,

Elle avoit, en son tems plus d'un Adorateur.

FROSINE *à part.*

Jasera-t'il long-tems ?

CONSTANCE *à part.*

Je suis impatiente.

CHRYSANTE.

Comme elle, en verité je vous trouve charmante,
Vous avez tous ses traits, sa grace, sa douceur.

ANGELIQUE.

Vous me flattez Monsieur Chrisante.

CHRISANTE.

Point du tout ... elle doit, sans doute, s'étonner
De ce que je lui rends si rarement visite,
Je veux le réparer bien vîte,
Voudra-t'elle me pardonner ?

ANGELIQUE.

J'en suis très-assurée, & la faute est petite.
Mais Constance, il est tems, je crois, que je vous quite;
Pour rentrer au logis c'est un peu trop tarder,
Ma tante pourroit me gronder.

CHRISANTE.

Vous craignez....

CONSTANCE.

Il me vient une bonne pensée,
Pour que cela n'arrive pas
Ramenez-la, mon pere, au logis de ce pas.

CHRISANTE.

Oüi, ma Fille, elle est très-sensée.
Allons....

CONSTANCE à part.

Par ce moyen je suis débarrassée.

ANGELIQUE.

Soit, puisque vous voulez me faire cet honneur,

Je l'accepterai de bon cœur.

(à Conſtance) Adieu. à part. Voici à l'inſtant qu'il faut
qu'il ſe retire.

CHRISANTE.

Je ne tarderai pas, ma fille, à revenir.

(Il donne la main à Angelique
& ſort avec elle & Liſette.)

SCENE VII.

CONSTANCE, FROSINE.

CONSTANCE.

LE voilà dehors, je reſpire,
Quel embarras à ſoutenir?
Ne perdons point de tems, & tandis que mon pere
Nous laiſſe ici la liberté,
Froſine, fait ſortir au plus vîte Valere,
Si tu veux par l'autre côté.

FROSINE.

Oüi, rentrez, j'en fais mon affaire;
Mais j'apperçois Damis, comment allons-nous faire?

CONSTANCE

Que de contre-tems en un jour.

SCENE VIII.

CONSTANCE, DAMIS, FROSINE.

CONSTANCE.

Quoi, Monsieur ! malgré ma défense.

DAMIS

Helas, Madame ! à mon amour
Je n'ai pû faire violence,
Je souffre trop de votre indifference ;
Que dis-je ? je vous suis un objet odieux ;
Quel injuste courroux contre moi vous anime ?
Que pouvez-vous, enfin, imputer à mes feux ?
Si je suis innocent, dois-je être malheureux ?
Rendez-moi votre amour, ou du moins votre estime,
Sans avoir commis aucun crime,
Dois-je avoir le regret de les perdre tous deux ?

CONSTANCE.

Vous auriez dû, je crois, attendre
Pour vous justifier, Monsieur, auprès de moi,
Qu'un ordre, de ma part, vous en eût fait la loi ;
La liberté que vous venez de prendre
M'empêchera de vous entendre,
Cela doit vous suffire, & vous m'obligerez
Infiniment, Monsieur, si vous vous retirez.

DAMIS.

A me défefperer votre rigueur s'obftine,
Mais dûffois-je exciter encore votre courroux,
Je ne fors pas d'auprès de vous
Sans fçavoir ce qu'on me deftine.

CONSTANCE.

Sortez encore un coup, faites-moi voir, Damis,
Au moins que vous êtes foumis.

FROSINE à *Damis.*

Obéïffez, Monfieur, elle eft d'humeur chagrine,
Vous réüffirez mieux fans dôute une autrefois.

DAMIS.

Tout me devient contraire, & toi-même Frofine,
Toi qui m'avois promis de foutenir mes droits,
Toi qui connois mon innocence
Tu peux me confeiller d'éviter fa prefence?

FROSINE.

Croyez que pour cela j'ai de bonnes raifons

DAMIS à *Conftance.*

Hé quoi! ferez-vous inflexible?
Ne me fera-t'il pas poffible
De diffiper vos injuftes foupçons?

CONSTANCE.

Je vous dis qu'aujourd'hui je ne veux rien entendre.

DAMIS.

Et quand pourrai-je donc, Madame?

CONSTANCE.

Nous verrons,
Mais à mes volontez, commencez par vous ren

FROSINE *bas à Damis.*

Et vous ferez plus fagement,
C'eft le moyen de bannir fon caprice.

DAMIS.

Il faudra donc que j'obéïffe ?
Que vous êtes cruelle ! ah fi de mon tourment,
Si de ce que j'éprouve, & d'ennuis & de peine,
Vous aviez la moindre pitié,
Je ne vous verrois pas à ce point inhumaine.

CONSTANCE.

Sortez....

FROSINE

Que de difcours ! c'eft trop de la moitié.

CONSTANCE.

Faites ce qu'on vous dit (*bas*) je fuis dans une gêne.

DAMIS.

Du moins avant de vous quitter,
Madame, donnez-moi quelque efpoir fecourable
Qui puiffe un inftant me flatter,
Ne me refufez pas un regard favorable.
Qui m'annonce la fin d'un courroux qui m'accable,
Et que je ne puis fupporter.

CONSTANCE.

Encor. (*bas* Je fouffre une peine effroyable.

FROSINE *bas à* CONSTANCE.

Par quelque doux regard contentez fon defir,

Là, dites-lui quelque tendre parole,
Quelque chofe qui le confole ;
C'eft là le vrai moyen de vous faire obéïr.

CONSTANCE.

Quoique vous ne méritiez gueres
En montrant à mes yeux tant d'obftination,
Qu'on ait pour vous la moindre attention,
Je veux pourtant vous fatisfaire
Ne defefperez pas d'appaifer mon courroux,
Je ne conferve pas une haine éternelle,
Allez, & fi mon cœur peut vous trouver fidelle,
Soyez bien affûré qu'il eft encore à vous.

SCENE IX.

CONSTANCE, DAMIS, CHRISANTE, FROSINE.

CHRISANTE *derrière le Théâtre.*

JE reviens dans l'inftant.

DAMIS.

J'entends Monfieur Chrifante.

CONSTANCE *bas à Frofine.*

Mon pere eft de retour, & ma frayeur s'augmente !

DAMIS.

S'il me voit, il pourra trop long-tems s'arrêter,

Et je brûle d'impatience
De vous prouver mon innocence;
Permettez-moi, pour l'éviter,
Que dans ce cabinet.............. *Damis court pour entrer dans le cabinet, en pousse la porte, Constance & Frosine le tirent par le bras & l'empêchent d'entrer.*

FROSINE.

Quoi! que voulez-vous faire?

CONSTANCE.

Y pensez-vous Damis?

FROSINE.

Il en seroit fâché.

DAMIS.

Quoi! j'y vois un homme caché!
Que peut m'annoncer ce myſtere?
Voyons de près.....

CONSTANCE.

Voici mon pere.
Ne lui faites pas entrevoir.....

CHRISANTE.

Ah! je vous trouve encor, ma fille, en cette ſalle?
Mais vous voilà, Damis! (*à part*) quel plaiſir de vous
voir!

DAMIS.

Vous me faites, Monſieur. (*à part*) Je ſuis au deſeſpoir.

CONSTANCE *bas à Damis.*

Vous êtes fou je crois (*à part*) Complaisance fatale

CHRISANTE *à Damis.*

Comment vous portez-vous ?

DAMIS.

Fort bien ..... (*à part*) l'aurois-je crû ?

CHRISANTE.

Depuis cinq ou six jours je ne vous avois vû,
D'où vient ?

DAMIS.

C'est que j'étois, Monsieur, (*à part*) ah la perfide !
Je ne m'étonne plus......

CHRISANTE.

Vous semblez agité.

Qu'est-ce ? dans votre esprit quel noir souci reside ?
Qu'avez-vous ?

DAMIS.

Ce n'est rien.

CONSTANCE.

C'est qu'il est tourmenté.
D'un mal de tête affreux ......

DAMIS.

Non, c'est toute autre chose.

CONSTANCE *bas à Damis.*

Qu'allez-vous dire ? à quoi votre trouble m'expose ?
Dans quels doutes affreux allez-vous le jetter ?

DAMIS

DAMIS *bas à Constance.*

Ma rage est prête d'éclater,
Déja sans les égards que le devoir m'impose
J'aurois......

CHRISANTE.

Il paroît s'emporter,
Sachons......

DAMIS *à part.*

On me trahit, & je n'en puis douter.

CHRISANTE.

De ce juste dépit je pénetre la cause,
Loin de répondre à vos souhaits ;
Sans doute qu'à son ordinaire
Ma fille vous demande encor quelques délais ;
Mais je ferai valoir l'autorité de pere,
Et sans aller plus loin, je prétends qu'en ce jour
L'hymen couronne votre amour.
Qu'on aille chercher un Notaire.

DAMIS.

Non, non, ne précipitez rien.

CHRISANTE.

Je veux voir au plûtôt former ce doux lien ;
Et mon impatience est égale à la vôtre.

DAMIS.

Ah ! reservez, Monsieur, ce bonheur pour un autre.

CHRISANTE *à Constance.*

Vous le mettez au desespoir.

E

DAMIS *à part.*

Perfide.

CHRISANTE *à Damis.*

Appaifez-vous.

DAMIS.

Il ne m'eft pas facile ;
Si vous fçaviez , Monfieur , fi je vous faifois voir ;
Mais à quoi ferviroit une preuve inutile ,
Allons loin de l'Ingrate exaler mon dépit ,
Et rendre , s'il fe peut , le calme à mon efprit.

(*Il fort*)

SCENE X.

CHRISANTE , CONSTANCE , FROSINE.

CONSTANCE *bas à Frofine.*

Tâche de le fuivre Frofine
Et lui dis.....

FROSINE *en s'en allant.*

Oüi , j'entends.

CHRISANTE.

Son départ me chagrine ;
Voyez le trifte état où vous le reduifez
Par votre peu de complaifance ,
Mais j'en ai trop moi-même , & vous en abufez ;
Ho je me fervirai de toute ma puiffance ,
Et je veux avoir le plaifir
De vous fçavoir pourvûë au gré de mon defir,
Aujourd'hui , fans autre remife ,

CONSTANCE.

A vos ordres je fuis foumife ,
Mais je fuis jeune encor.....

CHRISANTE.

Et voilà juftement
Le bon tems , où le mariage
Peut nous fournir quelque agrément ;
Faut-il pour fe mettre en ménage,
Attendre que l'on foit dans l'automne de l'âge ?
Non , non , ma fille , il faut en faifir le printems.

CONSTANCE.

Je fuis prête à repondre à vos empreffemens.

CHRISANTE.

Tant mieux, vous me charmez , ma joye eft fans égale;
C'eft ainfi qu'on doit s'expliquer.
Mais j'ai certaine chofe à vous communiquer
On eft interrompu fouvent dans cette fale,
Dans mon appartement , nous ferons mieux je croi ,
Venez ma fille , fuivez-moi.

CONSTANCE.

Je vous fui (*à part*) de frayeur je fuis encor glacée

*Elle fort avec fon pere par
un côté , Frofine entre dans le
même inftant par l'autre.*

SCENE XI.

FROSINE *seule.*

JE suis en peine de Damis ,
Je n'ai pû découvrir quelle route il a pris
Quoiqu'à courir après je me sois empreffée.
Mais profitons de ces inftans
Où la falle eft debarraffée ,
Et de ce cabinet faifons fortir nos gens.
Sortez , fortez , & fans perdre de tems
Par ce petit degré qu'on détale bien vîte.

(Frofine ouvre la porte du cabi-)
(Valere & Arlequin en fortent.)

SCENE XII.

VALERE, FROSINE , ARLEQUIN.

ARLEQUIN.

LA fièvre n'a jamais caufé tant de friffon ;
Et par ma foi ma peur n'a pas été petite ,
Mais grace au Ciel m'en voilà quitte
Pour quelques inftans de prifon.

VALERE.

Puis-je voir un moment la beauté que j'adore ?

ARLEQUIN.

Ne puis-je entretenir encore
La souveraine de mes vœux ?

FROSINE.

Et sortez au plûtôt, Messieurs les amoureux ;
Voulez-vous nous causer quelque allarme nouvelle ?

ARLEQUIN.

Parbleu dans nos amours nous sommes bien chanceux.

> Frosine entraine Valere & Arle-
> quin, & sort avec eux, dans le
> même moment. Damis entre du
> côté opposé.

SCENE XIII.

DAMIS *seul.*

JE me suis échapé sans sortir de ces lieux ;
Et je puis à present convaincre l'Infidelle ;
    Sçachons quel est le rival odieux
Qui porte dans mon cœur une atteinte cruelle ;
    Et traverse aujourd'hui mes feux.
    Paroissez amant trop heureux,
On ne me répond point......Entrons que j'examine.....

> Il entre dans le cabinet, & dans ce
> tems-là Constance vient sur la Scene.

E iij

SCENE XIV.

CONSTANCE *seule.*

JE n'ai pû joindre encor Frosine
Pour favoir ce qu'elle aura fait;
Mon impatience eft extrême.
Mais Valere fans doute eft dans ce cabinet;
Il faut l'en retirer moi-même.
Vous que l'amour ici tient long-tems arrêté;
Vous en pouvez fortir en toute fûreté.

(Elle pouffe la porte du cabinet &
(Damis fe prefente tout d'un coup)

SCENE XV.

CONSTANCE, DAMIS.

CONSTANCE.

Ciel! que vois-je?

DAMIS.
Achevez.

CONSTANCE.
Je n'ai plus rien à dire.

DAMIS.
Ma prefence doit-elle ainfi vous interdire?

Quoi ! votre feu fe ralentit !
De grace, pourfuivez.

CONSTANCE *à part.*

Ah ! ce coup m'étourdit,
Et je ne fçai que lui répondre.

DAMIS.

Perfide, ce filence a dequoi vous confondre ;
Votre trouble me dit affez
Et ce que je dois craindre ; & ce que vous penfez ;
Je vois que votre cœur pour un autre fenfible,
Montroit contre Damis un injufte courroux.
Pour qu'il ne lui fût pas poffible
De troubler des momens fi doux ;
Helas ! quelle étoit ma foibleffe,
Ingrate, joüiffez en paix
De votre nouvelle tendreffe ;
Ne craignez pas que déformais
Je porte aucun obftacle à l'ardeur qui vous preffe ;
Adieu, je jure ici de vous fuïr à jamais.

CONSTANCE.

Où courez-vous Damis ? quel tranfport vous anime ;
De quoi m'accufez-vous ? voyons ; & de quel crime
Serois-je coupable à vos yeux ?
Et fur quoi fondez-vous les traits injurieux.....

DAMIS.

Vous me le demandez ?

E iiij

CONSTANCE.

Oüi Damis, je l'ignore.

DAMIS.

Qu'entends-je ! vous ofez encore,
Loin de rougir de honte à l'afpect d'un amant
Qui fe voit aujourd'hui trahi cruellement,
Affecter à fes yeux une fauffe affûrance
Lors même que tout la dément ?

CONSTANCE à part.

Que ferai-je dans ce moment ?
Dois-je trahir la confiance
Qu'Angelique a montré pour moi ?
Non, puifque fon fecret eft remis à ma foi,
Notre amitié m'oblige à garder le filence
Et l'honneur m'en fait une loi.
Cherchons d'autres moyens.......

DAMIS.

Quelle eft votre défenfe ?
Voyons, parlez .....

CONSTANCE.

Mon innocence.

J'écoute vos difcours, Monfieur, fans m'émouvoir,
Je n'y puis encore rien comprendre
Et j'attends le moment où vous voudrez m'apprendre
D'où naiffent les tranfports que vous me faites voir.

DAMIS.

Cette tranquillité me tuë ;

Et comment pouvez-vous l'avoir ?
Lorſque vous êtes convaincue.

CONSTANCE.

Et de quoi ? ne differez point
Au moins Monſieur de m'en inſtruire.

DAMIS.

Peut-on déguiſer à ce point ?

CONSTANCE.

Mais encor , que voulez-vous dire ?

DAMIS.

Quoi ! lorſque du mépris que l'on a pour mes ſoins
    Mes yeux viennent d'être témoins ,
    Et que je découvre moi-même ,
    Par le plus ſingulier effet,
    L'objet de votre amour extrême
    Enfermé dans ce cabinet
Lorſque pour l'en tirer par cet amour conduite
    De m'y trouver je vous vois interdite ;
Vous feignez d'ignorer d'où naiſſent mes tranſports,

CONSTANCE.

Qu'oſez-vous avancer , la belle injure eſt bonne !
Que vous avez ici fait cacher Dorante.

Ne tentez plus de vains efforts
    Pour ne point paroître coupable ;
Je vous laiſſe, perfide, en proye à vos remords,
    Si votre cœur en eſt capable.

CONSTANCE.

Ah de grace, arrêtez, vous êtes dans l'erreur,
Je dois la diſſiper, il eſt de mon honneur,
Vous vous êtes trompé Damis, je vous l'aſſure,
Et de mille ſermens.....

DAMIS.

Il n'en eſt pas beſoin ;
Qui peut manquer de foi peut bien être parjure,
Tout ce que vous diriez ne ſeroit qu'impoſture ;
J'ai vû....

CONSTANCE.

Qui ?....

DAMIS.

Je ne ſçai.

CONSTANCE.

Non, vous dis-je, Damis ;
Encore un coup, cela n'eſt pas poſſible ,
Et la prévention a ſaiſi vos eſprits ;
Croyez....

DAMIS.

Son aſſurance eſt incompréhenſible !
Comment ! vous me voudrez nier en ce moment
Que vous ayez ici fait cacher votre Amant.

CONSTANCE.

Sans doute, pouvez-vous le croire ?
Quel tort faites-vous à ma gloire ?
Par quel ſoupçon, grands Dieux ! voulez-vous la ternir

DAMIS.

Je ne ſçaurois en revenir ;
La cauſe en eſt trop évidente ;
Vous ſoutenez, en vain, pour paroître innocente,
Qu'aucun ici n'étoit caché,
Car je l'ai vû moi-même, & l'ai preſque toûché.

CONSTANCE *éclatant de rire.*

Ah ! je vois ce que c'eſt, & je ne puis qu'en rire.

DAMIS.

Comment donc ! vous riez ?

CONSTANCE.

Oüi vraiment.

DAMIS.

Qu'eſt-ce-à-dire ?

CONSTANCE.

La mépriſe eſt plaiſante, & quand vous la ſçaurez,
Je ſuis ſûre, Damis, que vous-même en rirez.

DAMIS.

Voyons, expliquez-moi l'enigme impénetrable...

CONSTANCE.

Ce que vous avez vû, ce n'étoit qu'un tableau
Que mon pere a placé vis-à-vis ſon bureau,
Dont la peinture eſt admirable ;
C'eſt d'un homme écrivant le portrait véritable,
Si bien au naturel, que les yeux ſont frapez,
Et comme vous, ſouvent d'autres s'y ſont trompez.

DAMIS.

Certes, l'invention eſt neuve, ingenieuſe ;
Souvent par ce ſecours on ſort d'un embarras ;
Celle-ci cependant ne ſera pas heureuſe,
　　　Et ne vous en tirera pas.
　　　Vous vous imaginez, peut-être,
　　　Que je ſois crédule à ce point ;
J'ai vû marcher quelqu'un que je n'ai pû connoître ;
　　　Et les tableaux ne marchent point.

CONSTANCE.

(à part) Que dire ? *haut.* Hé bien, Monſieur, il n'eſt
　　　plus tems de feindre,
Vous avez vû quelqu'un de caché, j'en conviens.

DAMAS.

A ne plus le nier, j'ai donc pû vous contraindre ?
L'aveu que j'exigeois, à la fin je l'obtiens ;
On vous faiſoit, Madame, une injure effroyable.

CONSTANCE.

Cet aveu ne ſçauroit me rendre plus coupable,
Monſieur, & vos ſoupçons ſeroient bien-tôt détruits
Si je diſois un mot.

DAMIS.

　　　　Vous pourriez ?....

CONSTANCE.

　　　　　　　　Je le puis ;
Mais, ne m'y forcez pas, de grace,
Ou ſi vous m'y forcez, vous verrez dès ce jour,

La haine dans mon cœur ſuccéder à l'amour.

DAMIS.

Je crains peu les effets d'une telle menace ;
Parlez, car je ne vois encor dans vôs diſcours
Que des ſubtilitez, des ruſes, des détours.

CONSTANCE.

Vous allez pour toûjours exciter ma colere ;
Craignez de vous en repentir ;
Ce n'eſt qu'en me croyant ſincére,
Qu'il ſeroit tems encor de vous en garentir.

DAMIS.

Moi, vous croire ſincere ! y puis-je conſentir ?

CONSTANCE.

Hé bien, il faut vous ſatisfaire ;
Mais ſongez bien, qu'après l'aveu que je vais faire,
Vous devez vous réſoudre à ne me voir jamais.

DAMIS.

Ah ! c'eſt de tout mon cœur que je vous le promets.

CONSTANCE.

Tu me réduits donc à la honte ;
D'avoüer que ma paſſion
A m'allarmer étoit ſi prompte ?
Ignores-tu l'impreſſion
Que m'ont fait les ſoupçons que tu m'avois fait naître ?
J'ai voulu moi-même connoître,
Si tu ne cherchois pas, ingrat, à me tromper ;
Par les empreſſemens que tu faiſois paroître ;

Pour tâcher de les diffiper :

J'avois mis un homme à ta fuite,

Il obfervoit tes pas, épioit ta conduite,

M'en informoit, j'ai de lui feul appris

A quel point, pour une étrangere,

Ton lâche cœur étoit épris ;

Il venoit aujourd'hui, comme à fon ordinaire,

Me rendre un compte exact, j'ai vû venir mon pere,

J'ai craint qu'il n'en fût apperçû,

De le faire cacher, il étoit néceffaire,

Et voilà cet Amant que tu crois avoir vû.

DAMIS *à part.*

Me diroit-elle vrai ?

CONSTANCE.

Voi toute ma tendreffe,

Conçoi, par cet aveu, quel en étoit l'excès,

Ah ! j'aurai d'éternels regrets

D'avoir montré tant de foibleffe ;

Ma gloire, mon honneur, m'impofoient cette loi ;

Pour qu'un ingrat pût me rendre juftice,

Je leur devois ce facrifice ;

Il eft fait, mais tu dois en joüir loin de moi.

Fuis pour toûjours les lieux où je pourrai paroître,

Croi que, de mon côté, je fçaurai t'éviter,

D'un retour, de ma part, ne vas point te flatter,

L'horreur que dans mon cœur tu viens de faire naître

De jour en jour va s'augmenter :

Si par toi je suis outragée ;
Si tes soupçons injurieux
Me rendent jusqu'ici criminelle à tes yeux ;
Bien-tôt par tes remors j'en puis être vengée ;
Et j'ajoûte ce doux espoir,
Au plaisir que j'aurai de ne plus te revoir ;
Je te jure, perfide, une haine mortelle ,
C'est tout ce que mon cœur peut aujourd'hui pour toi ;
Pour un ingrat, un infidelle,
Qui vient m'ouvrir de pleurs une source éternelle
En osant soupçonner ma foi.

DAMIS *à part.*

Ah , je crois qu'elle est innocente !
Et ses larmes en font une preuve constante ;
Quelle étoit mon erreur .... souffrez qu'à vos genoux.

(*Il se jette aux genoux de Constance,*)

CONSTANCE.

Allez, cruel, retirez - vous ,
Je ne puis vous voir davantage.

DAMIS.

Mon aveugle transport, d'un tendre amour l'ouvrage ,
Excite la pitié plûtôt que le courroux ;
N'allez - pas m'accabler du vôtre ;
J'ose vous en prier au nom de cette ardeur ;
Qui jamais un instant n'a sorti de mon cœur ;
Pourroit - il brûler pour un autre ?

Conſtance , j'expire en ces lieux
Si je ne lis mon pardon dans vos yeux.
Mon repentir , ſur vous , n'aura - t'il point d'empire.

SCENE XVI.

CONSTANCE, DAMIS, FROSINE.

FROSINE ſans appercevoir Damis.

MAdame , à la fin je reſpire ,
Notre amant eſt ſorti......

DAMIS ſe levant bruſquement

Qu'entends-je !

CONSTANCE.

Qu'as-tu dit ?

FROSINE.

Ciel , Damis eſt ici !

DAMIS.

Je me trouve interdit.
Ai-je par ſes diſcours pû me laiſſer ſurprendre ?
A ſes pleurs ai-je pû me rendre ?
Trop aſſûré qu'on trahit mon ardeur ,
Convaincu par mes yeux qu'un autre a ſa tendreſſe ,
A-t'elle pû par ſon adreſſe ,
Me faire croire encor que j'étois dans l'erreur
Et triompher de ma foibleſſe ?

Hé

Hé bien , c'étoit donc un tableau,
Placé vis-à-vis un bureau ,
Dont la peinture est admirable ?
C'est d'un homme écrivant le portrait veritable ;
Ou pour mieux sortir d'embarras ,
C'est un homme commis pour observer mes pas.
Vous ne me dites rien ? n'est-il plus de ressource ?
En avez-vous tari la source ?
Quoi ! votre imagination
Vous en laisse manquer en cette occasion ?
Faut-il que ma colere éclatte ?
Que faire ? de quels noms appeller une ingratte
Qui surprend ma credulité ?
Avec quel air de verité
Elle appuyoit sa fourberie !
Etouffons mon ressentiment ;
Un mépris éternel est le seul châtiment
Que merite sa perfidie ....*Il sort.*......

CONSTANCE *courant pour l'arrêter.*
Ah ! Damis , attendez , vous allez tout sçavoir....
Il ne m'écoute pas , je suis au desespoir.

Fin du second Acte.

ACTE TROISIE'ME.

La Scene est dans la nuit.

SCENE PREMIERE.

CONSTANCE *seule.*

J'Ai fait, par un billet, avertir Angelique,
Et j'apprends qu'elle doit venir sans differer ;
Si de mon embarras elle est la cause unique,
　　Elle doit seule m'en tirer.
Je la vois......

SCENE II.

CONSTANCE, ANGELIQUE.

CONSTANCE.

AH! venez dissiper les allarmes
Que vous me causez en ce jour;
Pour avoir servi votre amour
Si vous sçaviez helas! qu'il m'en coute de larmes.

ANGELIQUE.

Prosine m'a tout dit, je suis au desespoir,
Le chagrin que j'en ai ne se peut concevoir.

CONSTANCE.

Damis est furieux, n'a-t'il pas lieu de l'être ?
Puisqu'il a vû Valere....

ANGELIQUE.

A-t'il pû le connoître ?

CONSTANCE.

Il n'a pas eu le tems, vraiment ;
Mais il n'en croit pas moins que ce soit mon amant ?
Il auroit fallu pour détruire
L'objet de son juste courroux,
Que de votre secret ma bouche eût pû l'instruire ;
Mais je ne l'ai point fait par amitié pour vous,

ANGELIQUE.

Qu'à vos bontez je suis sensible !
Que ne vous dois-je pas ?

CONSTANCE.

Il s'agit aujourd'hui
De m'excuser auprès de lui,
Et de le tromper, cela vous est possible.

ANGELIQUE.

Ah constance ! je ferai tout,
Voyons, pour en venir à bout,
Dites-moi quels moyens il faut mettre en usage.

CONSTANCE.

Je n'en vois qu'un : il faut, sans tarder davantage,
Lui confier l'amour dont on brûle pour vous,
Lui dire qu'à votre priere
J'ai souffert en ces lieux que vous vissiez Valere ;

F ij

Que lui seul est l'objet de ses soupçons jaloux.

ANGELIQUE.

Quoi!

CONSTANCE.

Vous le devez, & j'y compte ;
De grace n'allez pas , par une vaine honte ,
Craindre d'avoüer votre ardeur.
Vôtre frere sçait que le cœur
Fait pour subir les loix de la tendresse ,
S'en défend difficilement ,
Et qui ressent cette foiblesse ,
Dans un autre pourra l'excuser aisément.

ANGELIQUE.

Y pensez-vous ? à quoi voulez-vous me réduire ?]
Moi j'irois d'un front assuré
Confier mon amour à mon frere , & l'instruire
D'un secret qu'avec peine à vous j'ai déclaré.

CONSTANCE.

Il le faut.

ANGELIQUE.

Je rougis à la seule pensée
De ce que vous me proposez.

CONSTANCE.

Cette honte est très-mal placée ,
Et puisque vous me réduisez
A vous parler ici sans feinte ,
Je vous dirai que d'un scrupule vain ,
En cette occasion je vois votre ame atteinte ;

Vous n'avez pas rougi de voir dans le Jardin
 Le Cavalier qui sçait vous plaire,
 De lui donner des rendez-vous chez moi,
 Je n'imagine pas pourquoi
Vous auriez à rougir d'apprendre à votre frere
Que l'amour a soumis votre cœur à ses loix ;
 A le faire tout vous oblige,

  ANGELIQUE.
Oüi , mais je ne sçaurois.

  CONSTANCE.

  Vous le devez , vous dis-je ;
Quoi , la raison sur vous n'a-t'elle point de droits ?

  ANGELIQUE.
Hélas ! tel est le sort d'une jeune personne ;
Aime-t'elle , d'abord sa raison l'abandonne ,
Le devoir veut en vain procurer son retour ,
Il nous parle , & sa voix semble être la plus forte ;
L'amour se plaint , pourtant quand le devoir l'emporte ,
Le devoir ne veut pas le céder à l'amour ;
Quels combats nous faut-il soûtenir tour à tour ?
Il n'est point de tourment qui soit égal au nôtre ;
Comme leur intérêt rarement & commun ,
Qu'il nous en coûte cher de refuser à l'un
 Ce que nous accordons à l'autre.

  CONSTANCE.
On doit fuir le danger avec attention ,
 Quand on en connoît l'évidence.

  ANGELIQUE.
 Je conviens de mon imprudence ,
J'ai trop aveuglément suivi ma passion ,
    F iij

On condamne, lorsqu'on y penſe,
Ce qu'on fait ſans réflexion

CONSTANCE.

Ah ! je n'en fais que trop la triſte experience,
Si j'avois pû prévoir ... décidons cependant,
A parler à Damis, êtes - vous réſoluë ?

ANGELIQUE.

Non, je redoute trop un pareil confident.

CONSTANCE.

Ma priere eſt donc ſuperfluë ?
Vous me récompenſez par un refus ingrat,
Je ne puis diſpoſer votre ame
A me tirer du malheureux état
Où me réduit votre indiſcrette flamme.
Eſt-ce ainſi que votre amitié,
Qui devroit de mes maux partager la moitié,
Répond en ce jour à la mienne ?
Hé-bien, il n'eſt aucun égard
Qui m'attache, ou qui me retienne,
Puiſque je ſuis traitée ainſi de votre part
Je vaincrai ma délicateſſe,
Votre ſecret n'eſt plus une raiſon pour moi,
Et je retire ma promeſſe,
Vous ne méritez pas que j'en garde la foi.

ANGELIQUE.

Cette menace m'épouvante,
Quel ſeroit donc votre deſſein ?

CONSTANCE.

Je prétends de vos feux informer votre tante,
Ne lui rien déguiser, pour qu'à Damis enfin,
Elle puisse assûrer que je suis innocente.

ANGELIQUE.

Ah ! vous me causeriez des troubles infinis.

CONSTANCE.

Je le ferai, je vous l'assûre.

ANGELIQUE.

Constance, je vous en conjure,
Cherchons d'autres moyens pour détromper Damis.

CONSTANCE.

Que pourrois-je lui dire après mon imposture ?

SCENE III.

CONSTANCE, ANGELIQUE, LISETTE.

LISETTE.

JE viens vous dire qu'à l'instant
Vous allez à vos yeux voir paroître Valere.

CHRISANTE.

Si tard dans ma maison !

ANGELIQUE.

Que c'est être imprudent !
Ne sçavois-tu pas t'en défaire ?

LISETTE.

Je venois du logis, malgré l'obscurité :
Comme je passois dans la ruë,
Il m'a, sans doute, reconnuë,
Et de me suivre, il s'est hâté.

ANGELIQUE.

Que veut-il ?

LISETTE.

Il demande un moment d'audience ;
Voyez si vous voulez avoir la complaisance....

ANGELIQUE.

Mais tu rêves, en verité.
Qu'il ne m'expose pas, de grace,
A quelques nouveaux embarras ;
Va lui dire, en un mot, que je ne le puis pas.

LISETTE.

Bon, ce n'est point ainsi que l'on s'en débarrasse ;
Il n'est aucun moyen de le faire enaller,
Il s'obstine toûjours à vouloir vous parler.

ANGELIQUE.

Constance, dites-moi ce qu'il faut que je fasse.

CONSTANCE.

Le voir. Il vient fort à propos,
Vous pourrez avec lui terminer en deux mots ;
Faites-le entrer....

LISETTE.

J'y cours...... (Elle sort.)

SCENE IV.

CONSTANCE, ANGELIQUE,

ANGELIQUE.

Qu'eſt-ce donc que vous faites ?

CONSTANCE.

Ecoûtez quel eſt mon avis ;
Vous pouvez à Valere apprendre qui vous êtes ;
Lui-même peut faire à Damis,
De votre amour l'entiere confidence,
Et bannir ſon erreur ; il eſt de ſes amis,
Vôtre frere qui ſçait ſon rang & ſa naiſſance ;
A vos communs deſirs ne s'oppoſera pas
Et preſſera votre alliance ;
Ainſi nous ſortirons toutes deux d'embarras.
Mon pere, heureuſement, pour affaire eſt en Ville ;
Mon eſprit ſera plus tranquille,
Je vous laiſſe, mais ſongez bien,
Si ma priere eſt inutile,
Que je ne ménage plus rien . . (Elle ſort)

SCENE V.

ANGELIQUE *seule*.

JE n'effuyai jamais une plus rude gêne ;
　　　Oferai - je me déclarer ?
Ou laifferai - je encor Conftance dans la peine ?
Mon efprit incertain ne peut délibérer ;
La fituation n'eft - elle pas cruelle ?
　　　Je ne fçai comment m'en tirer.
On ouvre, c'eft Lifette, & Valère avec elle.

SCENE VI.

ANGELIQUE, VALERE, LISETTE.

LISETTE.

NOus ferons à prefent tranquilles en ces lieux,
Car j'ai mis Arlequin là - bas en fentinelle,
　　　Qui, rempli d'ardeur & de zéle,
Doit me faire fçavoir s'il vient quelque fâcheux.

VALERE.

Madame . . . .

ANGELIQUE.

　　　Y penfez - vous, Valere ?
Quelle eft votre indifcretion ?
Venir fi tard dans ma maifon !

Je vous trouve bien téméraire.....

VALERE.

Ah ! suspendez votre colere,
Tantôt d'un coup mortel vous m'avez sçu frapper ;
Et je viens vous prier de vouloir dissiper
Le trouble qu'en mon cœur vos discours ont fait naître,
Et qui s'est depuis confirmé.

ANGELIQUE.

Voyons, qui peut, Monsieur, vous avoir allarmé ?
Et d'où naît le souci que vous faites paroître ?

VALERE.

Du peu d'espoir dont mes feux sont suivis,
Surtout de la défense expresse,
Qu'ici vous m'avez fait, de rien dire à Damis
Qui regardât notre tendresse.

ANGELIQUE.

Je ne vois rien en cela qui vous blesse.

VALERE.

Damis est comme moi frappé de vos attraits,
D'ailleurs il a chez vous, Madame, un libre accès ;
Je n'en sçaurois douter encore,
Puisque tantôt je l'en ai vû sortir.

ANGELIQUE.

Je ne veux point vous démentir ;
Mais qu'en presumez-vous ?

VALERE.

Je crois qu'il vous adore,
Et que vous répondez, peut-être à son ardeur.

LISETTE.

C'eſt bien l'imaginer.

ANGELIQUE.

Vous êtes dans l'erreur.

[LISETTE.

Elle eſt grande, je vous le jure.

VALERE

'Ah ! ce n'eſt point ainſi que mon cœur ſe raſſûre;
Contre un juſte ſoupçon vous vous défendez mal,
Je ne le vois que trop , Damis eſt mon rival.

ANGELIQUE.

Quoi ! vous auriez cette penſée?

VALERE.

J'en ai tout lieu.

ANGELIQUE.

Je dois vous en deſabuſer,
Ma gloire en eſt trop offenſée,
Et par pluſieurs raiſons je m'y trouve forcée,
C'eſt une loi qu'on vient·de m'impoſer;
Damis. . . . .

VALERE.

Hé-bien , Damis !

SCENE VII.

ANGELIQUE, VALERE, LISETTE, ARLEQUIN.

ARLEQUIN.

C'Eſt te ſervir ma brune
Avec affection.

LISETTE.

Hé bien, que m'apprends-tu ?

ANGELIQUE.

Qu'eſt-ce ?

ARLEQUIN.

Une perſonne importune
Qui vient d'entrer à l'impromptu.

ANGELIQUE.

Ce ſera, ſans doute, mon pere.

ARLEQUIN.

Il a pouſſé la porte, & s'eſt gliſſé ſans bruit,
Je n'ai pû le connoître, & d'ailleurs il eſt nuit,
Et dans la nuit je n'y vois guére.

ANGELIQUE.

Eteignons ces flambeaux, & dans l'obſcurité
Rentrons..... ſans differer retirez-vous Valere.

(Liſette éteint les flambeaux.)

VALERE.

Je ſors, mais je reviens m'éclaircir du myſtere,
Mon eſprit trop long-tems en ſeroit agité.

ARLEQUIN.

Ne m'abandonnez pas, Monsieur, par charité.

(Valére & Arlequin fortent à tâtons
du côté de la petite porte.)

ANGÉLIQUE.

Lisette allons trouver Constance.

SCENE VIII.

{ Angelique, & Lisette cherchent
à rentrer dans le tems que Damis
dit les vers suivans.

ANGÉLIQUE, DAMIS, FROSINE.

DAMIS.

Tout est ici dans le silence,
Personne ne m'a vû rentrer dans ce logis ;
Ah ! puisque mes feux font trahis ,
Frosine me dira, peut-être,
Quel est le rival odieux,
Dont on reçoit ici les Vœux ;
Pour me venger sur lui, si je puis le connoître ;
Du mépris qu'on fait de mes feux.
J'entend marcher quelqu'un. . . . *Il touffe . . .*

ANGÉLIQUE.

Est-ce encore vous, Valére ?

DAMIS. *la prenant par le bras.*

Non, non, perfide !

ANGÉLIQUE.

C'est mon frere ;

Juſte Ciel ?

DAMIS.

Quoi ? Valere, eſt ce rival heureux,
Que votre cœur aujourd'hui me préfere ?
Parlez, l'obſcurité qui regne dans ces lieux,
    Sert à dérober à mes yeux
La honte & la rougeur dont votre front ſe couvre,
Vous voilà convaincue, à la fin je découvre,
A quel point aujourd'hui vous oſez m'outrager.

ANGELIQUE *bas à Liſette.*

Liſette que je ſuis dans une affreuſe gêne !

DAMIS.

    Qui vous fait briſer notre chaîne ?
    Qui peut vous réduire à changer ?
Répondez-moi, parlez ingrate, quelle excuſe
    Pourrez-vous encore m'oppoſer ?
    Me direz-vous que mon eſprit s'abuſe ?
Par des contes nouveaux allez-vous m'amuſer ?
Tâchez. . . .

ANGELIQUE.

A lui parler je ne puis m'expoſer,

SCENE IX.

ANGELIQUE, DAMIS, CONSTANCE, LISETTE.

CONSTANCE.

JE ris de l'embarras où se trouve Angelique,
Il faudra qu'à la fin le myſtere s'explique,
Ecoutons....

> *Pendant que Conſtance dit ces deux Vers,*
> *Angelique qui s'eſt débarraſſée des mains*
> *de Valere rentre avec Liſette, Damis qui la*
> *pourſuit rencontre Conſtanse & la prend*
> *par le bras.*

DAMIS.

Vous cherchez en vain à m'échaper,
Je vous ſuivrai pour vous confondre,
Je vous tiens, parlez-moi, n'oſez-vous me répondre ?

CONSTANCE.

Ce n'eſt pas moi, Damis, vous allez vous tromper.

DAMIS.

Comment ! ce n'eſt pas vous cruelle ?
Vous ne trahiſſez pas le malheureux Damis ?
Et pour ſuivre une ardeur nouvelle,
Vous n'abandonnez pas l'Amant le plus ſoumis ?

CONSTANCE.

Non, qu'il me ſoit du moins permis.......

DAMIS.

Ah ! vous verrez qu'une autre ici cherchoit Valere,

On

On vous accuse à tort, non ce n'étoit pas vous
Qui prépariez son cœur à des momens si doux.

CONSTANCE.

Non, vous dis-je, attendez, vîte de la lumiére.

SCENE X.

CONSTANCE, DAMIS, FROSINE,
Qui apporte deux flambeaux.

FROSINE.

QUel bruit on fait ici ? quelle confusion !
De quel trouble, Monsieur, vois-je votre ame émuë?

DAMIS.

Tu me fais cette question ?

FROSINE.

Sans doute.

DAMIS à *Constance.*

Hé bien, parlez...

CONSTANCE *regardant de tous côtez.*

Qu'est-elle devenuë ?
Je ne la trouve pas, Frosine, j'ai bien peur
Qu'elle ne se soit échapée.

FROSINE.

Pour le coup, vous seriez ma foi bien attrapée ?

CONSTANCE.

Evitons un pareil malheur,

G

Cours pour la ramener........ *Frofine fort.*

SCENE XI.
CONSTANCE, DAMIS.
DAMIS.

D'Où vous vient cette ardeur ?
Qui cherchez-vous, Valere ?

CONSTANCE.

Hé ! non ; c'eſt votre ſœur.

DAMIS.

Ma ſœur !

CONSTANCE.

Oui Damis, elle-même,
Valere lui parloit ici dans ce moment ;
Et vous l'avez pour moi priſe infailliblement.

DAMIS.

Que ſon aſſurance eſt extrême !
Mon eſprit en eſt étonné ;
Jamais un pareil trait s'eſt-il imaginé ?

CONSTANCE

Non, rien n'eſt plus certain.

DAMIS.

Ah par cette impoſture ;
Vous faites à ma ſœur une cruelle injure,
Je ne puis la ſouffrir, cherchez d'autres détours,
Trouvez quelque ruſe nouvelle ;
Mais ne prétendez-pas faire tomber ſur elle

Le prétexte de vos amours;
De Valere, ma sœur n'est point du tout connuë,
Il ne l'a même jamais vûë,
Et d'ailleurs on sçait que toujours,
Angelique a vécu sous les yeux d'une tante,
Trop exacte & trop vigilante;
Je n'ai pas lieu d'appréhender
Qu'elle ait osé former une telle entreprise;
Elle n'ignore pas que sa main est promise,
Et vous cherchez envain à me persuader.....

CONSTANCE.

Et si je puis vous en convaincre,

DAMIS.

Vous aurez pour cela des obstacles à vaincre;
Contr'elle je n'ai pas ces injustes soupçons.

CONSTANCE.

Voulez-vous m'écouter?

DAMIS.

Voyons donc ces raisons,
Sachons encor par quelle adresse
Vous pourrez......

CONSTANCE.

Votre ami, d'une forte tendresse,
Pour Angelique est épris aujourd'hui,
Et votre sœur ressent le même amour pour lui;
Cet amour mutuel, le hazard l'a fait naître,
Et chacun d'eux y trouve des appas,
Il est aisé de le connoître.

G ij

DAMIS.

Fort bien.

CONSTANCE.

Ne m'interrompez pas ;
Et de tout , je vais vous inftruire ,

DAMIS.

Allons , il faut vous laiffer dire.

CONSTANCE.

Ils fe font vûs fouvent dans ce jardin ,
Par elle j'en fuis informée ,
Elle eft venuë ici me trouver ce matin
Pour me faire part d'un deffein ,
Qui m'a d'abord fort allarmée ,
Et me prier avec empreffement ,
De lui laiffer parler à Valere un moment ,
Avec Lifette en cette fale ,
Je l'ai voulu refufer vainement ,
Il m'a fallu ceder , complaifance fatale !
Plein de votre prévention ,
Mon filence chez vous a paffé pour un crime ,
Et jufqu'ici je me vois la victime
De mon trop de difcretion.

DAMIS.

Eft-ce-là la fin de l'hiftoire ?

CONSTANCE.

Quoi ! vous refufez de me croire ?

DAMIS.

Hé ! puis-je à vos difcours , ajoûter quelque foi ?

Non, vous ne devez point l'attendre,
Je suis même surpris que vous osiez prétendre
D'avoir encor quelque crédit sur moi.

CONSTANCE.

Vous allez changer de langage ;
Attendez un moment, votre sœur va venir ;
Vous pourrez par son témoignage,
Voir qui d'elle ou de moi l'on doit plûtôt punir.
La voici.

DAMIS avec surprise.

Me trompai-je ?

SCENE XII.

CONSTANCE, ANGELIQUE, DAMIS,
FROSINE, LISETTE.

FROSINE.

Après bien de la peine
Madame enfin je vous l'ameine.

ANGELIQUE à part.

Mon embarras est grand, il faut le soutenir ;

CONSTANCE.

Venez détromper votre frere ,
De vous seule il attend l'aveu de votre ardeur ,
Decouvrez-lui tout le mystere ,
Et faites-le sortir enfin de son erreur.

G iij

DAMIS.

Ma sœur si tard ici ! qu'y venez-vous donc faire ?

ANGELIQUE.

N'en soyez pas surpris, Damis,
Tantôt par une lettre à ma tante adressée,
De m'y laisser venir, Constance l'a pressée,
Elle-même me l'a permis,

DAMIS.

Oh ! je m'étonnois bien . . . .

CONSTANCE.

Il s'agit d'autre chose,
Apprenez-lui quelle est la véritable cause
De son jaloux entêtement,
Ne vous défendez pas, parlez sincerement,

FROSINE.

Nous sçavons ce qu'il nous en coûte,
Pour avoir eu trop de ménagement,

DAMIS.

Vous ne penseriez pas sans doute,
Quel est le magnifique & le charmant portrait,
Que Constance, de vous, tout-à-l'heure m'a fait,
Vous avez-là, ma sœur, une fort bonne amie,
Qui près de moi vous avoit bien servie.

FROSINE.

Nous avons dit la vérité ;
Et je la soûtiendrois au péril de ma vie.

CONSTANCE.

Allons, à quoi vous sert cette timidité?

Rompez au plûtôt le silence.
Les délais seroient superflus,
Votre frere n'ignore plus
Que l'amour a sur vous exercé sa puissance.

F R O S I N E.

Parlez, Madame, s'il vous plaît.

A N G E L I Q U E.

Que me demandez-vous ? je ne sçai ce que c'est.

C O N S T A N C E.

Que dites-vous ?

F R O S I N E.

Comment !

D A M I S.

Ma sœur par complaisance.
Puisqu'on veut vous donner Valere pour Amant,
Consentez-y pour un moment.

A N G E L I Q U E.

Valere ?

D A M I S.

Oüi, lui.

A N G E L I Q U E *à Damis.*

Je suis étonnée & confuse,
Que d'un pareil amour aujourd'hui l'on m'accuse.

C O N S T A N C E.

Vous niez . . . .

A N G E L I Q U E *bas à Constance.*

J'ai beaucoup de raisons pour cela.

G iij

CONSTANCE.

J'en ai beaucoup aussi pour que la chose éclate.

FROSINE.

Ah, la méchante que voilà ?

CONSTANCE.

Comment ! jusqu'à ce point vous trouverois-je ingrate ?
Osez-vous soutenir, voyant mon embarras,
Que Valere pour vous . . . . .

ANGELIQUE.

Je ne le connois pas,
Pourquoi voulez-vous que je dise,
Que de lui mon ame est éprise ?

DAMIS.

Mais il faloit la prévenir ;
Elle auroit eu moins de surprise.

ANGELIQUE.

Que doit-il donc vous revenir
De me faire une telle injure ?

DAMIS.

Je le sçavois bien moi que c'étoit imposture ;
Et j'étois bien certain . . . . .

ANGELIQUE.

J'aime Valere moi !
Mais, mon frere, de bonne foi,
Y voyez-vous quelque apparence ?
Moi qui de la maison ne sors jamais,
Comment en avoir pû faire la connoissance ?
Moi dont les pas sont suivis de si près,

DAMIS.

C'eft ce que je difois, mais malgré fa malice,
Soyez trés-certaine, ma fœur,
Que je vous ai rendu juftice.

CONSTANCE.

Ingrate; c'eft donc là le prix de mon fervice?
De votre ame je vois à préfent la noirceur;
Ne rougiffez-vous pas d'en agir de la forte?
Et d'ofer foutenir, par un menfonge affreux,
Que Valere n'eft pas l'objet de tous vos vœux?
Je n'y fçaurois tenir le dépit me tranfporte.

SCENE XIII.

LES ACTEURS PRECEDENTS, VALERE.

VALERE.

L'Impatience enfin me ramene en ces lieux.
Mais, que vois-je! Damis s'y préfente à mes yeux!

DAMIS.

Valere! quel foupçon s'empare de mon ame.

ANGELIQUE à part.

Tout va fe découvrir.

CONSTANCE.

Vous venez à propos,
Monfieur, dites-nous, en deux mots,
Laquelle de nous deux fit naître votre flamme,

Parlez, de cet aveu dépend notre repos.

VALERE.

Je vous obéïrai, Madame,
Je ne crains pas de convenir
Que je brûle d'un feu qui ne sçauroit finir;
Il ne faut pas que cela vous étonne;
Cher Damis, la voilà cette aimable personne
Dont je t'avois dépeint la grace, la beauté,
T'ai-je fait un portrait fidéle ?
Et des appas qu'on voit en elle
Peut-on n'être pas enchanté ?

DAMIS à part.

Ma sœur aime Valere, & la chose est réelle.

CONSTANCE à Valere.

Peut-être vous vous méprenez,
Monsieur, vous lui feriez un tort considerable;
D'un tendre attachement son cœur n'est point capable,
Et d'ailleurs tous ses pas sont trop examinez.

ANGELIQUE.

Chere Constance, pardonnez.

VALERE.

Détruits, mon cher Damis, un soupçon qui m'allarme,
Aimerois-tu la beauté qui me charme ?
Tes vœux sont-ils reçus ? serois-tu mon rival ?

FROSINE.

Le soupçon est original.

DAMIS.

Quoi ! cette Dame encore te seroit inconnuë ?

VALERE.

Elle s'est toûjours défenduë
De me dire quel est son nom,
Apprenez-moi . . . . .

DAMIS.

C'est ma sœur.

VALERE.

Quoi ! ta sœur ?

DAMIS.

Tout de bon.

VALERE.

Que cette surprise m'est chere !
Accorde-là, Damis, à ma priere,
Que je puisse aujourd'hui devenir son époux,
Joignons au nom d'ami le doux nom de beau-frere,
Madame, y consentirez-vous ?

SCENE DERNIERE.

LES ACTEURS PRECEDENTS, CHRISANTE, ARLEQUIN.

CHRISANTE *entraînant Arlequin.*

Viens maraut.

ARLEQUIN.

Traite-t'on les gens de cette sorte ?
Je suis un honnête garçon.

CHRISANTE.

Que faisois-tu, dis moi, planté sur cette porte ?
Parle, ou mille coups de bâton.

ARLEQUIN.

Ah ! Monsieur, j'attendois mon Maître,
Le voilà, demandez.....

VALERE.

Monsieur, il a raison.

CHRISANTE.

Mais, Monsieur, je n'ai pas l'honneur de vous
connoître.

DAMIS.

Ne vous étonnez pas, c'est un de mes amis,
Et qui sera dans peu mon beau-frere, peut-être.

CHRISANTE.

Et vous bientôt aussi, mon gendre, cher Damis.

DAMIS.

Non, je ne puis avoir cette douce esperance,
Si vous ne réduisez Constance
A m'accorder aujourd'hui mon pardon.

CONSTANCE.

Vous m'avez fait, Damis, une cruelle offensé,
Mais puisque de votre soupçon
La cause m'est si favorable,
Et que de votre amour je suis certaine enfin,
Que mon esprit ne vous voit plus coupable,
En vous rendant mon cœur, je vous donne ma main.

DAMIS.

Le fort pouvoit-il mieux feconder mon attente ?

CHRISANTE.

Que veut donc dire ce retour.

DAMIS.

Vous fçaurez tout, Monfieur Chrifante,
Il me refte encore en ce jour
A faire approuver à ma tante
L'amour de mon ami....

CHRISANTE.

Je veux qu'elle y confente,
Je m'en charge, il faudra célébrer à la fois
Ces deux Hymens.

ARLEQUIN *embraffant Lifette.*

Monfieur il en faut faire trois.
Et puifqu'ici chacun va prendre fa chacune,
A me pourvoir auffi j'avois déja fongé ;
Je prendrai pour mon lot cette charmante brune,
Et je ne ferai pas le plus mal partagé.

FIN DE LA COMEDIE.

J'Ai lû par l'ordre de Monfeigneur le Garde des Sceaux, *Les Contre-Tems*, Comedie en vers, & je n'y ai rien trouvé qui puiffe en empêcher l'impreffion. A Paris le neuf Mars 1736.

DE BEAUCHAMPS.

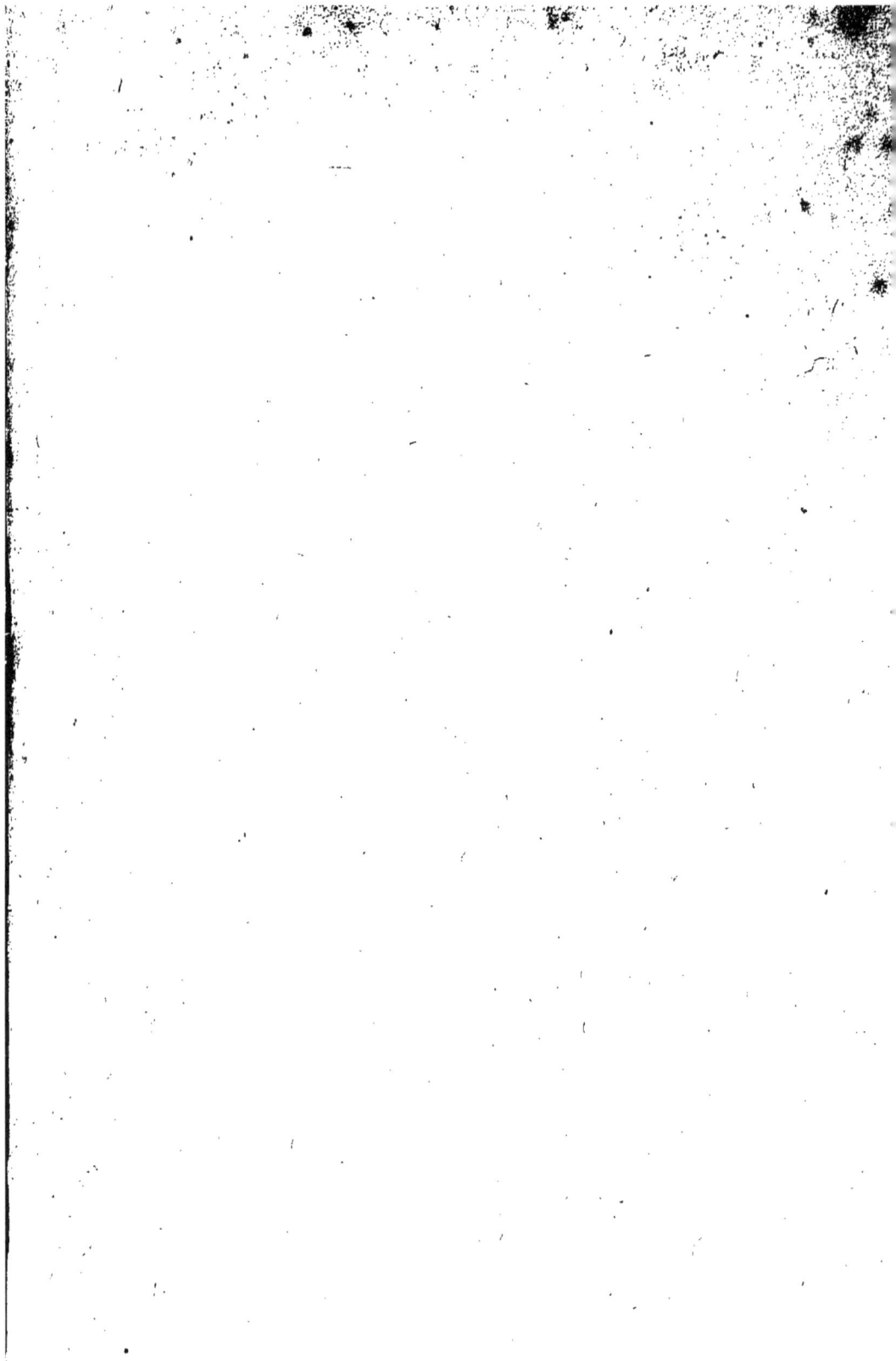

www.ingramcontent.com/pod-product-compliance
Lightning Source LLC
Chambersburg PA
CBHW060608100426
42744CB00008B/1368